The Graceful of
ORIGAMI
秀麗な折り紙

山口 真
Yamaguchi Makoto
著

ナツメ社

烏天狗
Karasu-Tengu
神谷哲史：作
難易度 ★★★★
折り方 P.032

第1章
空想生物
～人～
MYTHIC HUMANOIDS

1枚で複雑な形を作ることは難易度が高く、複数枚を使うと比較的難易度が低くなりますが、それとは関係なく、複数枚を使うことによってより洗練されたデザインを作り出すこともできます。

フェアリー
Fairy
木村良寿：作
難易度 ★★★★
折り方 P.048

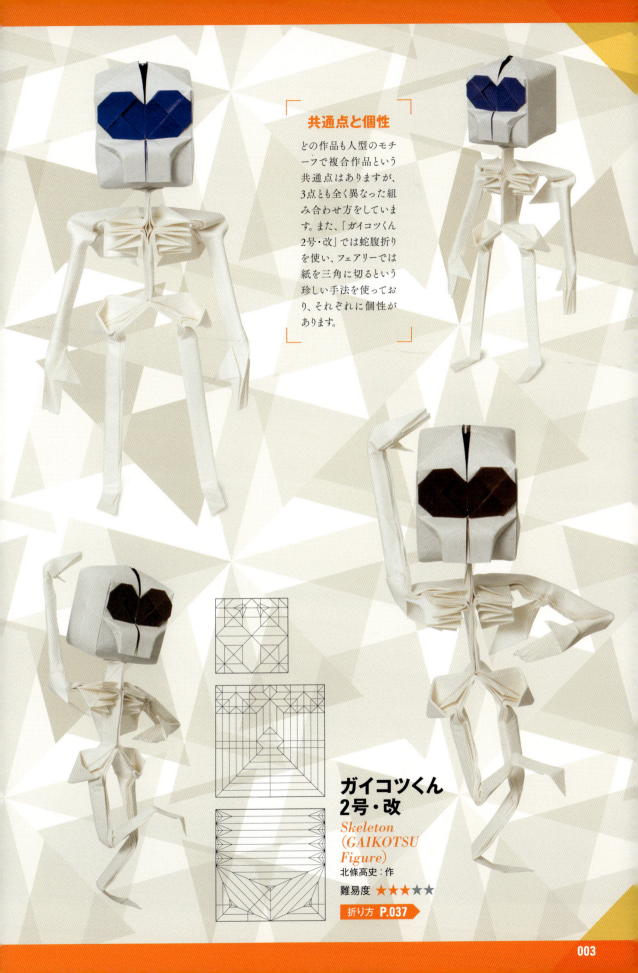

ツバメ
Swallow
シッポ・マボナ：作
難易度 ★★★★★
折り方 P.063

ふくろう
Owl
津田良夫：作
難易度 ★★★★★
折り方 P.070

飾り方の工夫

フクロウのような完全な立体作品や、小鳥のような複雑な作品は1点でも映えますが、ツバメやイワトビペンギンのような作品は、量産して「群れ」を表現してみるのもおもしろいでしょう。作品の形状やモチーフの習性を考えた飾り方を工夫してみてください。

小鳥
Little Bird
小松英夫：作
難易度 ★★★★★
折り方 P.074

第 2 章
鳥類
BIRDS

飛んでいる姿、地面に立っている姿、木にとまっている姿など、同じ鳥でも様々な表現方法があります。生き物を対象とした折り紙作品では、そういった多くの場面からどの瞬間を切り出して創作するのかも重要になります。

イワトビペンギン
Rockhopper Penguin
山口真：作
難易度 ★★★★★
折り方 P.060

ダルメシアン
Dalmatian

山口 真:作

難易度 ★☆☆☆☆

折り方 **P.100**

第 3 章
動物
ANIMALS

動物は折り紙作品としておそらく最も人気のある題材です。しかしだからこそ、最も創作者の個性が出るところでもあります。この作品では創作者が何を表現したかったのか、ということを考えてみてもおもしろいかもしれません。

図の流れをつかむ

折り進めている途中でどうしても分からない部分があるときは、その次の図や、場合によってはもっと先の図を見て「折った後の形」を確認してみましょう。図の流れをつかむことで作品への理解が進むと、より上手に仕上げることができるようになります。

ねこ
Cat
山口 真：作
難易度 ★★★★★
折り方 P.104

シマリス
Chipmunk
勝田恭平：作
難易度 ★★★★★
折り方 P.109

第 4 章
昆虫
INSECTS

6本の脚、触覚やツノなど、多くのパーツを折り出す必要がある昆虫は、創作対象として難易度が高く、それ故に挑戦しがいのある題材として、これまでにも様々な手法や手段で作られてきています。

最初が肝心

カミキリムシ、そして特にヘラクレスオオカブトは、一枚折りの作品としては本書で最も高い難易度の作品の1つです。難しい作品ほど、前半の基本的な部分を正確に折る必要があり、また、折り筋を1つ1つしっかりとつける必要があります。

ヘラクレスオオカブト
Hercules Beetle
神谷哲史：作
難易度 ★★★★★
折り方 P.143

魅力的な仕上げ

折り図の「できあがり」の完成形は、多くの場合、作者がその作品の最も自然だと考える形になっています。そこから更に一工夫。脚や首などを曲げて躍動感のあるポーズを取らせることで、作品の新しい魅力が見えてきます。

怪獣ツルラ
Crane-Kaiju Tsurura

笹出晋司：作

難易度 ★★★★★

折り方 P.168

第 5 章
空想生物
FANTASY CREATURES

神話の生物、怪獣、架空の生物作品を集めました。この章は比較的難易度の高い作品が多くなっています。図と説明文をしっかりと読み、自分で折っている折り紙と見比べながら折り進めましょう。

ペガサス
Pegasus
川畑文昭：作
難易度 ★★★★★
折り方 P.204

キングギドラ
King Ghidorah

小笹径一：作

難易度 ★★★★★

折り方 **P.191**

折り紙の「重量感」

恐竜や怪獣といった大きく重いものがモチーフの場合は、使う紙もできるだけ大きく厚みのある紙を選び、重厚感たっぷりに仕上げたいところです。もちろん、厚すぎると折ることが難しくなってしまうので、何度も試して丁度いいバランスを見るとよいでしょう。

TM&©TOHO CO., LTD.

まずは練習

複雑な作品ほど、一度で完璧なものを折ろうとしても難しいものです。1つ1つの折りにはそれぞれのコツがあります。まずは大きく折りやすい紙を用意して練習し、全ての折り方とコツをつかんでから本番の紙を使うと、上手に仕上げることができます。

ブラックドラゴン
Black Dragon

木村良寿：作

難易度 ★★★★★

折り方 P.172

あじさい折り
Fujimoto Hydrangea
藤本修三：作

難易度 ★★★☆☆

折り方 **P.084**

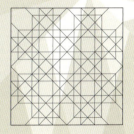

新聞を読む人
Reading the paper
ヘルマン・ヴァン・グーベルジャン：作

難易度 ★★★★★

折り方 **P.052**

アラカルト
A LA CARTE

折り紙の題材としてこんなものも「あり」なのか！と驚くような作品たち。変わった生き物や幾何学的な形、無機物から想像上の生き物まで、折り紙で作ることができる形と表現に無限の可能性を感じます。

バラヅル
Rose Crane
神谷哲史：作

難易度 ★★★★☆

折り方 **P.055**

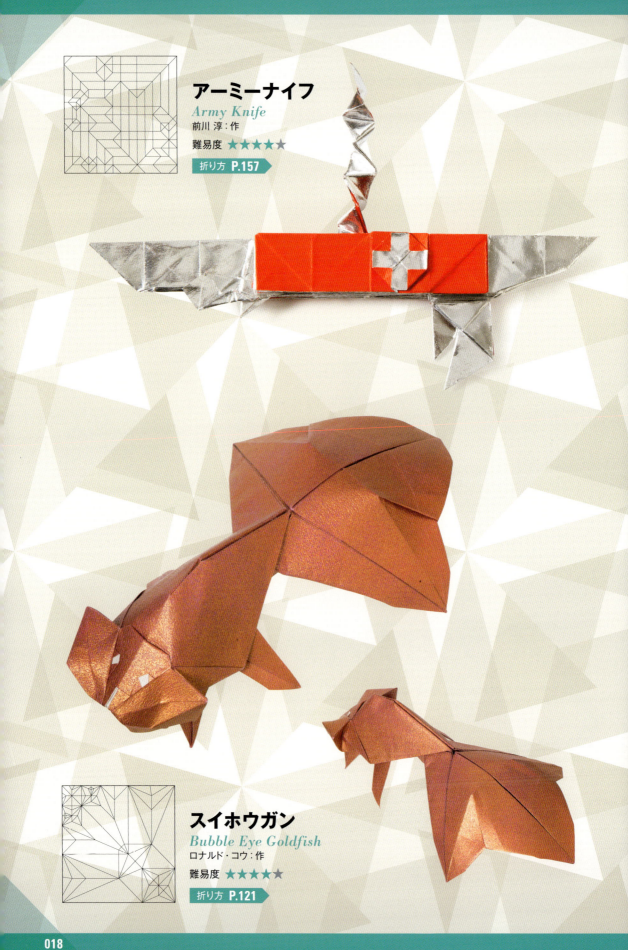

第 6 章
ティラノサウルス
TYRANNOSAURUS

現在描かれている当時の恐竜の姿は、化石から想像によって「復元」したものですが、この作品ではその化石の骨格そのものが折り紙作品になっています。1章丸々使った大ボリュームの作品をどうぞお楽しみください。

まずは頭から

21枚という沢山の紙を使って、どの方向からの観賞にも耐えられる立派な作品となります。まずは2枚の紙を使う頭部を作ってみましょう。そこで全体のサイズや、完成までにどれくらいの時間やエネルギーが必要になるかの想像ができます。

ティラノサウルス
全身骨格

Tyrannosaurus Skeleton

吉野一生：作

難易度 ★★★★☆

折り方 **P.226**

台で飾る

最後の尾まで折りきったらもう一息、しっかりとした台座を用意して飾ってみましょう。これまで折り紙作品に専用の台を用意した経験のない人も、この機会に是非挑戦してみて下さい。「飾ることができる作品」は見るだけで満足度がアップします。

はじめに

　本書は、2015年に発売して好評を博した『端正な折り紙』(ナツメ社)の第2弾です。前作で人気のあった空想生物のジャンルを重視して、ドラゴンやペガサスはもちろん、フェアリーに古代生物のアノマロカリス、オリジナルキャラの「ガイコツくん2号・改」「怪獣ツルラ」といったユニークな作品も収録しました。有名な怪獣である「キングギドラ」は、1999年に発売された『第5回折紙探偵団コンベンション折り図集』で初めて折り方が発表され、絶版後も再掲を望む声が多く寄せられた作品で、一方「ゴジラ(2016)」は、本書のために作られた新作です。

　また今回は、『端正な折り紙』に比べて全体的に難易度が上がっています。一番難しいのは「ヘラクレスオオカブト」で、211工程あります。211回折れば仕上がるというわけではなく、「反対側も同じ」として省略していたり、左右同時に折ったりする部分もありますから、実際には何百回も折らなければなりません。

　私の思い入れのある作品を揃えた中で、一番感慨深いのは、吉野一生氏の「ティラノサウルス全身骨格」の掲載です。1989年の発表当時、不切正方一枚折りを至上とする流れの中で、21枚も使って作る大作の登場は、「複合折り紙」の概念を変えたと言っても過言ではありませんでした。残念ながら吉野氏は32歳の若さで逝去し、作品発表から28年が経ちましたが、名作は色あせることなく輝いています。

　「秀麗」の名にふさわしい、立派で美しい作品が集まった本となりました。1回での完成は難しいかもしれませんが、名作は何度折っても楽しいものです。作品それぞれのもつ「輝き」を感じ取っていただければ幸いです。

折り紙作家　山口 真

CONTENTS
目　次

| 027 | 折り図記号と折り技法 |

第1章　空想生物～人～　　MYTHIC HUMANOIDS

032	烏天狗	神谷哲史：作	難易度：★★★★
037	ガイコツくん2号・改	北條高史：作	難易度：★★★★
048	フェアリー	木村良寿：作	難易度：★★★★

第2章　鳥類　　BIRDS

060	イワトビペンギン	山口 真：作	難易度：★★★★
063	ツバメ	シッポ・マボナ：作	難易度：★★★★
070	ふくろう	津田良夫：作	難易度：★★★★
074	小鳥	小松英夫：作	難易度：★★★★★

第3章　動物　　ANIMALS

090	コリー	大内康治：作	難易度：★★★★
094	プードル	ロマン・ディアス：作	難易度：★★★★
100	ダルメシアン	山口 真：作	難易度：★★★★
104	ねこ	山口 真：作	難易度：★★★★
109	シマリス	勝田恭平：作	難易度：★★★★
114	アライグマ	クエンティン・トロリップ：作	難易度：★★★★

第4章 昆虫 / INSECTS

130	チョウ	山口 真：作	難易度：★★★★★
133	カミキリムシ	西川誠司：作	難易度：★★★★★
143	ヘラクレスオオカブト	神谷哲史：作	難易度：★★★★★

第5章 空想生物 / FANTASY CREATURES

168	怪獣ツルラ	笹出晋司：作	難易度：★★★★★
172	ブラックドラゴン	木村良寿：作	難易度：★★★★★
182	ゴジラ（2016）	神谷哲史：作	難易度：★★★★★
191	キングギドラ	小笹径一：作	難易度：★★★★★
204	ペガサス	川畑文昭：作	難易度：★★★★★

その他 アラカルト / A LA CARTE

052	新聞を読む人	ヘルマン・ヴァン・グーベルジャン：作	難易度：★★★★★
055	バラヅル	神谷哲史：作	難易度：★★★★★
084	あじさい折り	藤本修三：作	難易度：★★★★★
121	スイホウガン	ロナルド・コウ：作	難易度：★★★★★
157	アーミーナイフ	前川 淳：作	難易度：★★★★★
214	アノマロカリス	川畑文昭：作	難易度：★★★★★

第6章 ティラノサウルス / TYRANNOSAURUS

| 226 | ティラノサウルス全身骨格 | 吉野一生：作 | 難易度：★★★★★ |

| 269 | 用語集 −本書に出てくる折り紙専門用語− |
| 270 | 作家プロフィール |

折り図記号と折り技法

折り図（折り方の解説図）には、折り紙の専門用語や特殊な技法が出てきます。ここでは、折り図で使われている基本的な記号や技法を説明します。これらの記号を知らなければ、折り図に描かれている内容を正確に読み取ることはできません。

特に複雑な作品では、次の図の形と見比べただけで折っていると、必ず行き詰まります。1つ1つの記号の意味を理解して、正しいかたちで折り進めていくことが大事です。まずはここに一度目を通して、どのような記号や技法があるのかを確認してみましょう。

折り進めるうちに、わからない用語や折り方に出会ったら、このページを見直してみてください。あくまで「基本」なので、必ずしも同一ではありませんが、解決の糸口はきっと見つかるはずです。

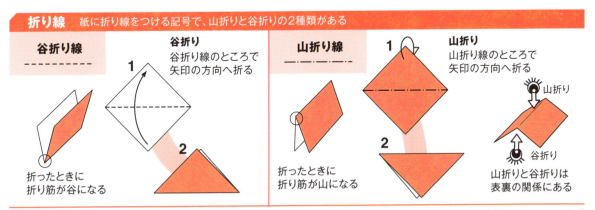

たくさんの折り筋を使って折りたたむような複雑な手順であっても、折り線の種類は「山折り」と「谷折り」の2種類しかないので、まず折り筋の位置と向きをよく確認してみるとよい

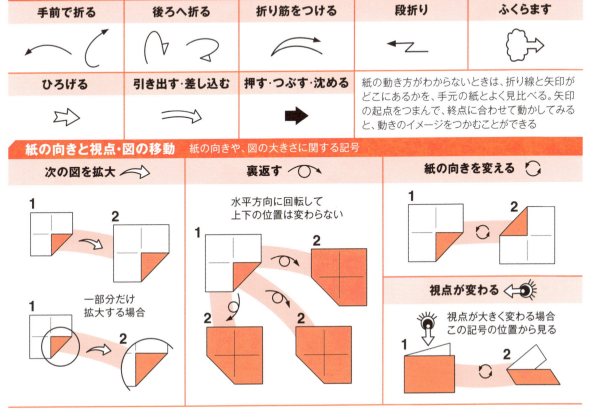

紙を裏返したり回転させたりするときは、紙の向きを見失わないように気をつける。特に折り筋をつける手順では、紙の向きを間違いやすいので、ついている折り筋の位置や紙の表裏を十分に確認し、図の向きの変化を正しく把握する

その他の記号

等分記号		注意するところ ○ ●	かくれた線・かくれた形	直角
長さの等分	角度の等分	同じ場所を示す ☆ ★ ○ ●	○の記号が示す点やカドは、折り筋が通る点や、折るときに合わせるカドなどの、基準となる位置を表している	

基本的な技法　折り紙でよく使われる、基本的な折り方や技法

折り筋をつける

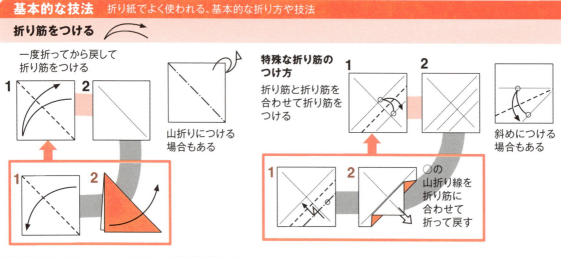

中わり折り

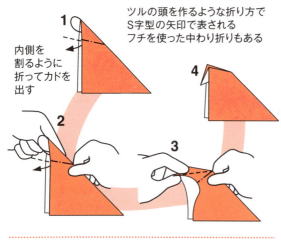

角度が変わっても同じ

カドを内側に折る

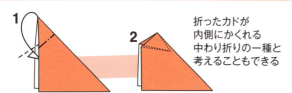

かぶせ折り

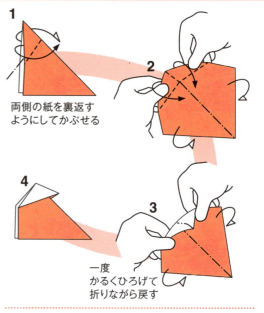

角度が変わっても同じ

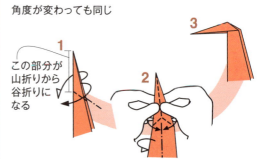

つまみ折り 「カドをつまむように折る」とも表現する

段折り 山谷2本の折り線でヒダを作る

横から見ると段になっているように見える

斜めに折る場合もある

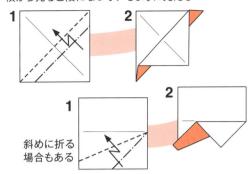

引き寄せ折り

すき間に指を入れ内側をひろげて矢印の方向に引き寄せてつぶす

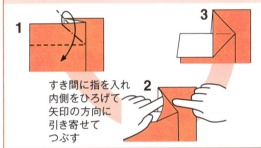

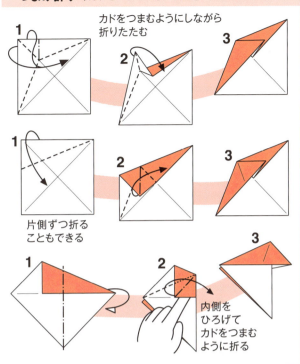

片側ずつ折ることもできる

内側をひろげてカドをつまむように折る

内側をひろげてつぶすように折る／花弁折り

角度が違ったり、部分的に折る場合もある

これは「花弁折り」とも呼ぶ

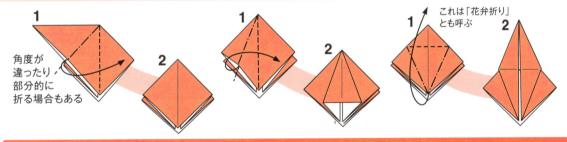

少し難しい技法 複雑な作品で使われる、難易度の高い技法

両側で段折り

両側で同時に段折りする

斜めに折る場合もある
内側に段折り

外側に段折り

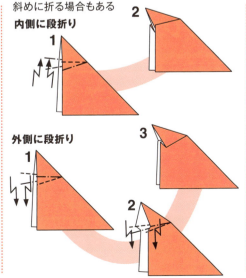

内側に押し込むように両側で段折り

■の部分を内側に押し込むようにしながら折りたたむ

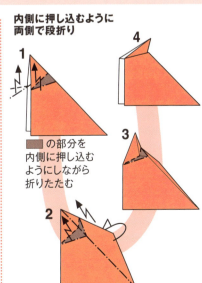

029

沈め折り　沈めるように折った部分が内側にかくれる

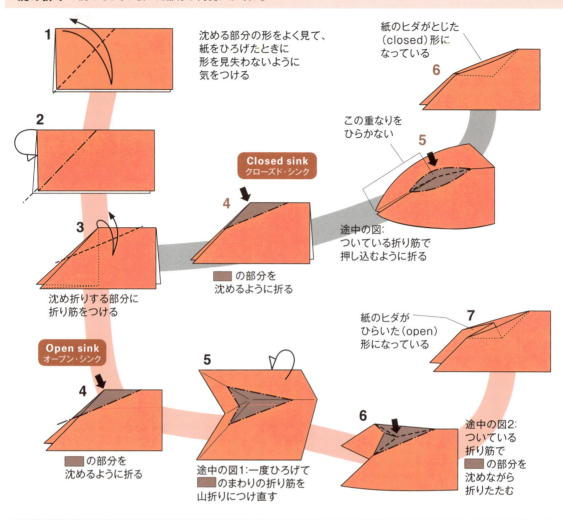

本書の使い方
本書に掲載した折り紙作品の情報を、下図のように示しました。折るときの参考にしてください。

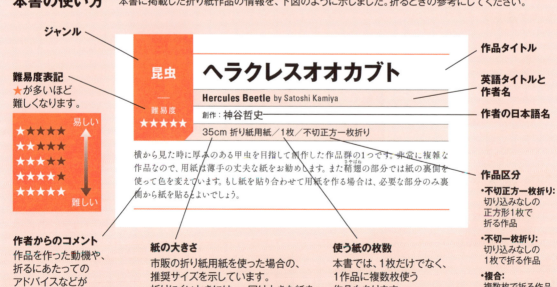

第 1 章
〈 空想生物 〉
~人~
MYTHIC HUMANOIDS

| 難易度 ★★☆☆ |  烏天狗 P.032 |  フェアリー P.048 |

難易度 ★★★☆☆

  ガイコツくん 2号・改 P.037

 アラカルト

 新聞を読む人 P.052 難易度 ★★☆☆☆

 バラヅル P.055 難易度 ★★★☆☆

空想生物 ~人~	烏天狗
難易度 ★★☆☆☆	**Karasu-Tengu** by Satoshi Kamiya
	創作：神谷哲史
	15cm 折り紙用紙／2枚／複合

1999年に創作したもので、神谷作品としては珍しい2枚の複合作品です。創作当時、紙を分ける事でここまで簡単な構造になるのかと驚いたものです。実際に同じ形を1枚で折ろうとすると、恐らく倍以上の手順が必要になるかと思います。紙の裏側が出る作品なので、表裏ある紙を使ってください。作例では、裏の面が出る部分のみ裏打ちしています。

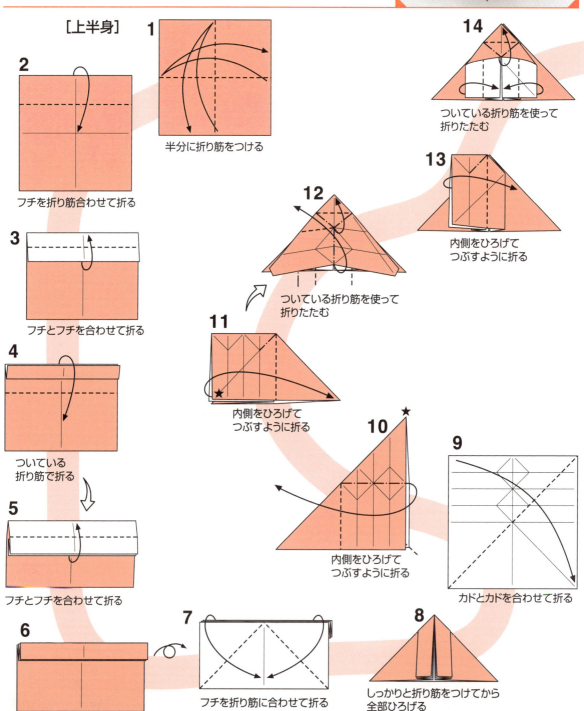

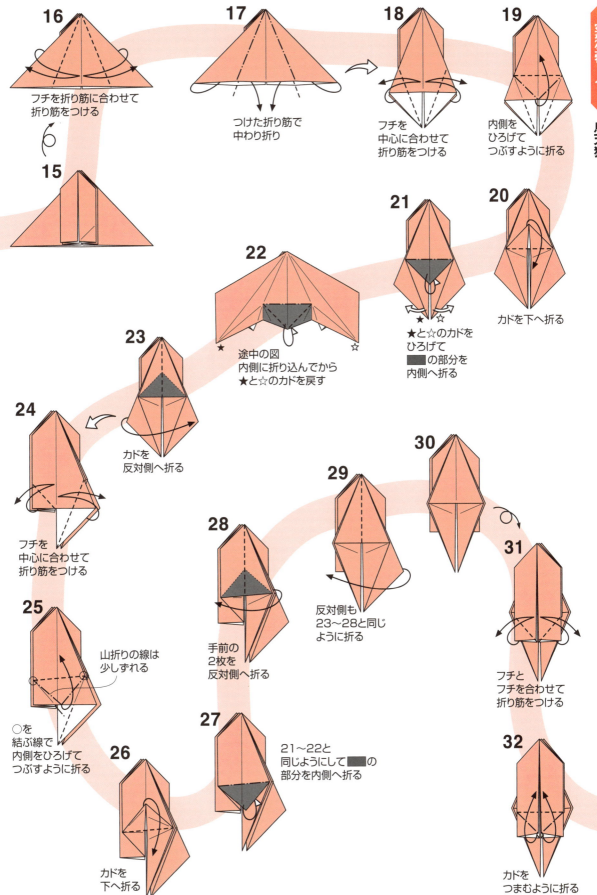

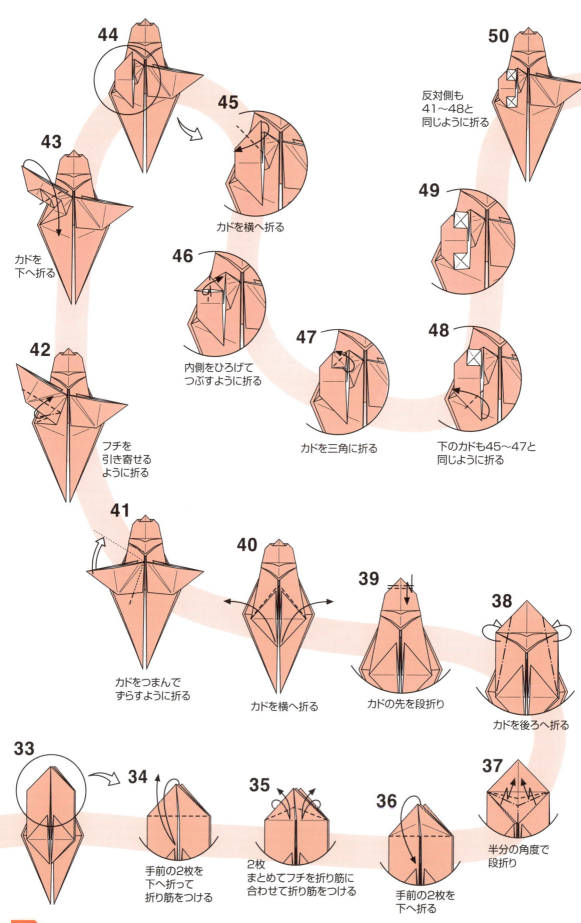

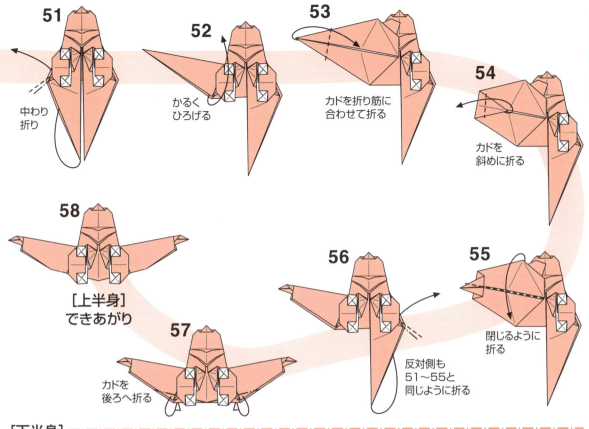

[下半身]

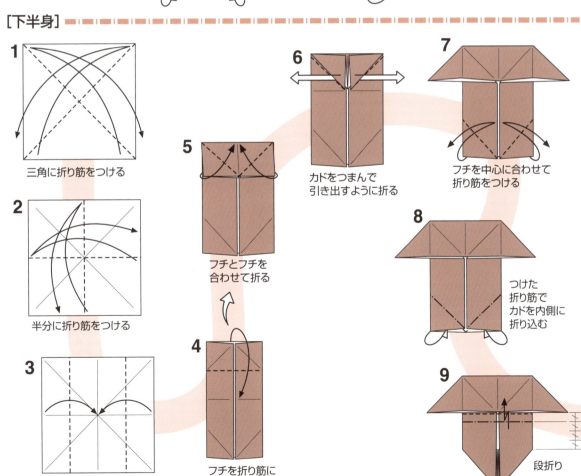

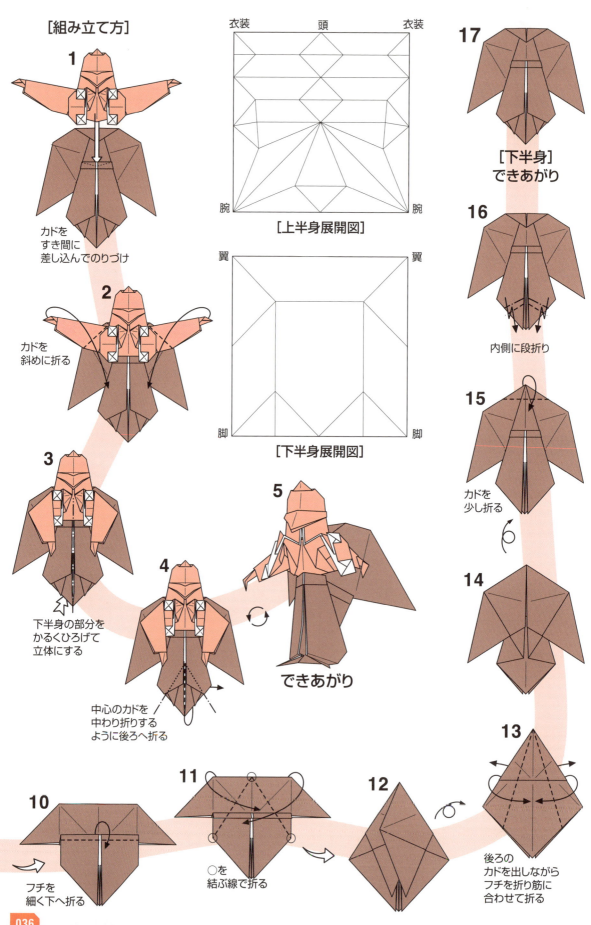

空想生物 ～人～

ガイコツくん2号・改

Skeleton (GAIKOTSU Figure) by Takashi Hojyo

創作：北條高史

難易度 ★★★☆☆

15cm 折り紙用紙／3枚／複合

「TVチャンピオン　第2回折り紙王選手権」（1996年）の決勝戦で使用した作品を改修、折り工程とデザインを洗練しました。ホームページ「GAIKOTSU PLANET」（http://origami.gr.jp/~hojyo/g/ghome.htm）に応用・改造例を多数掲載しているので、併せてご覧ください。

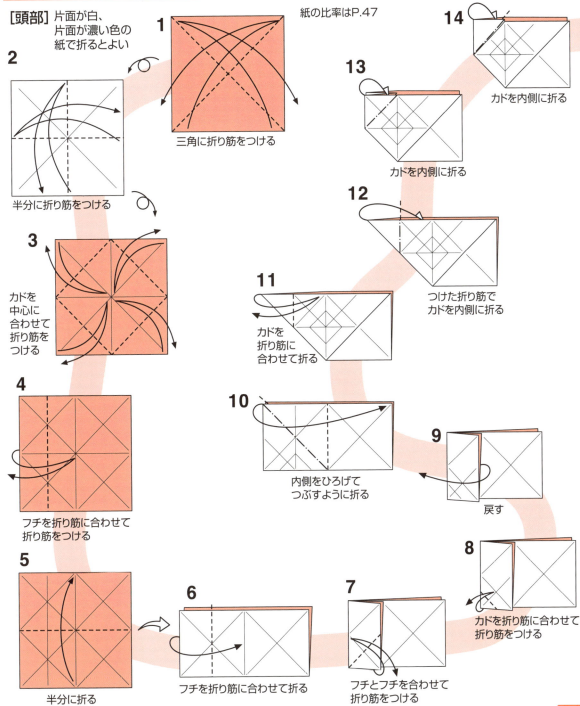

037

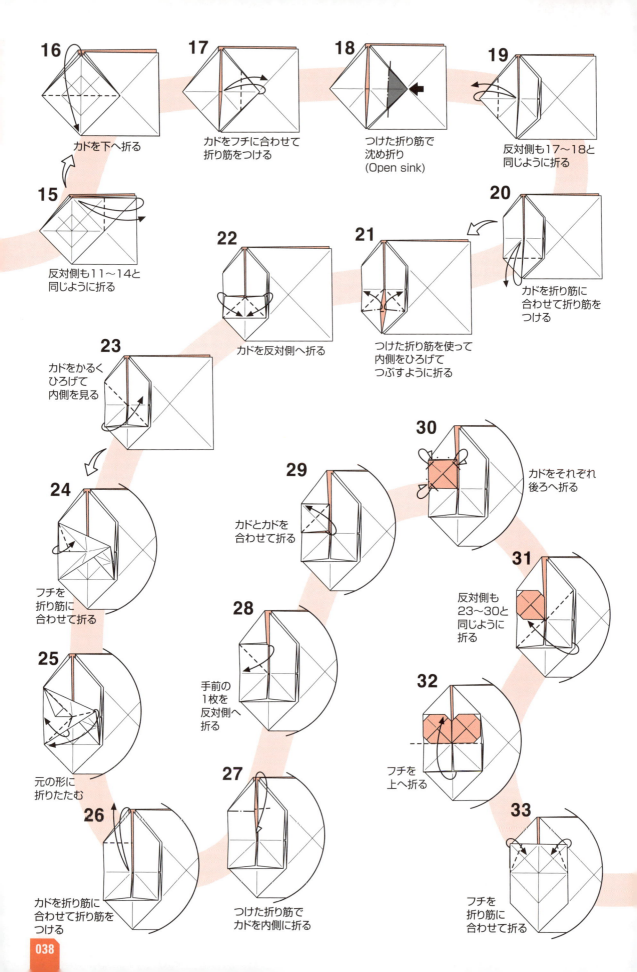

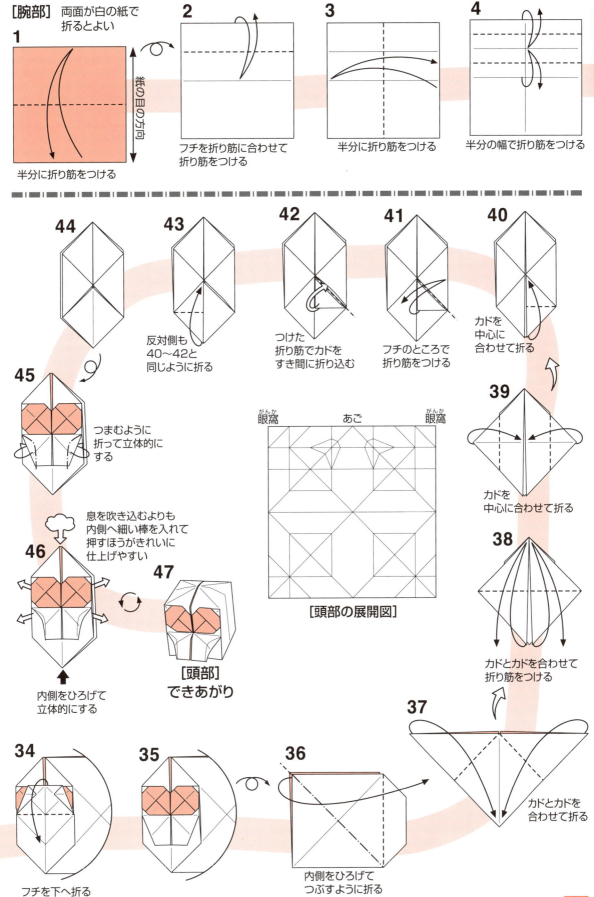

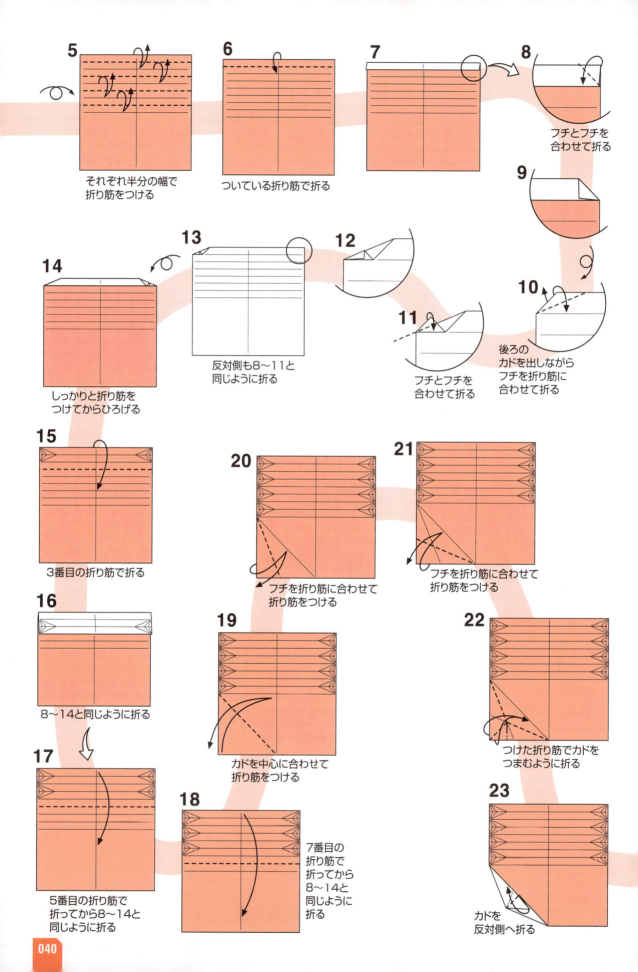

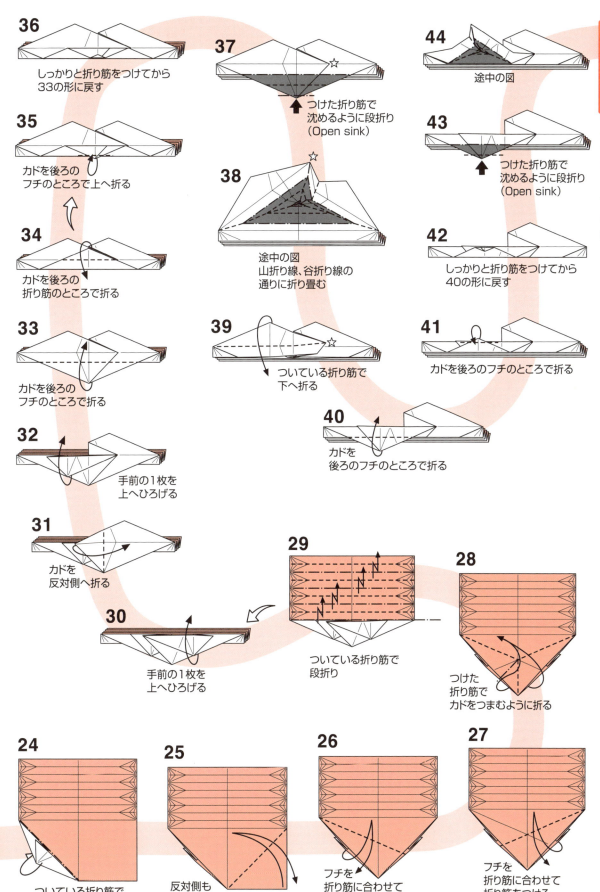

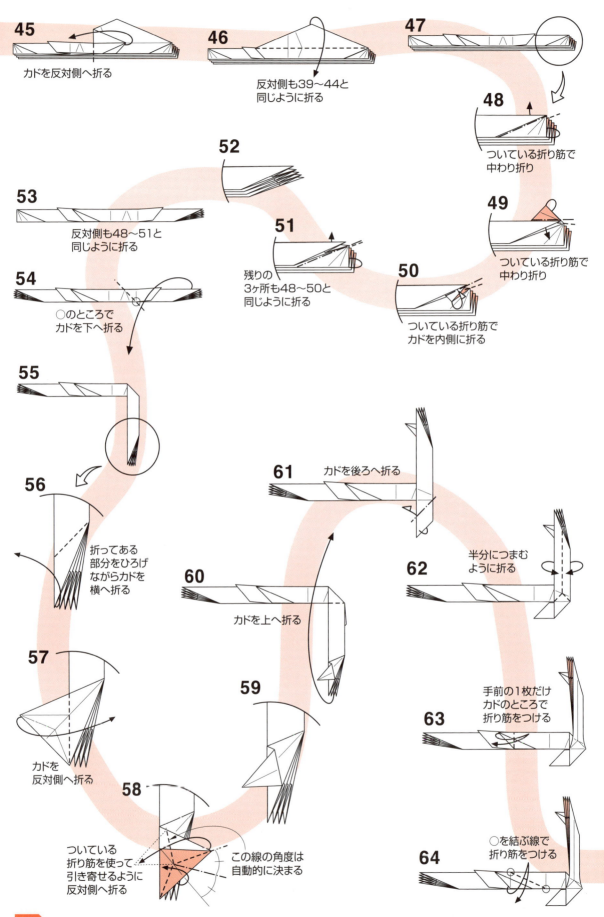

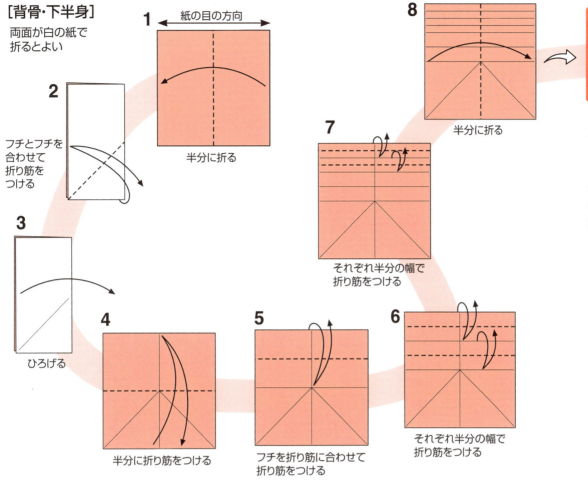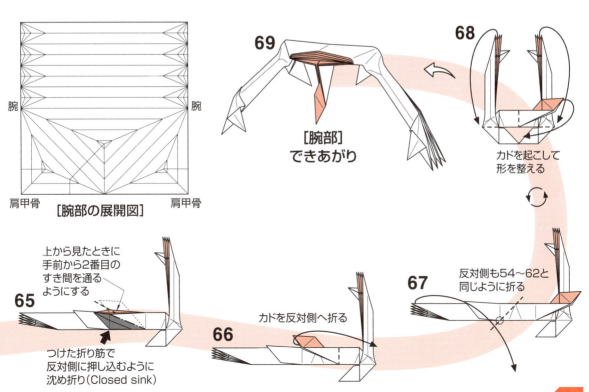

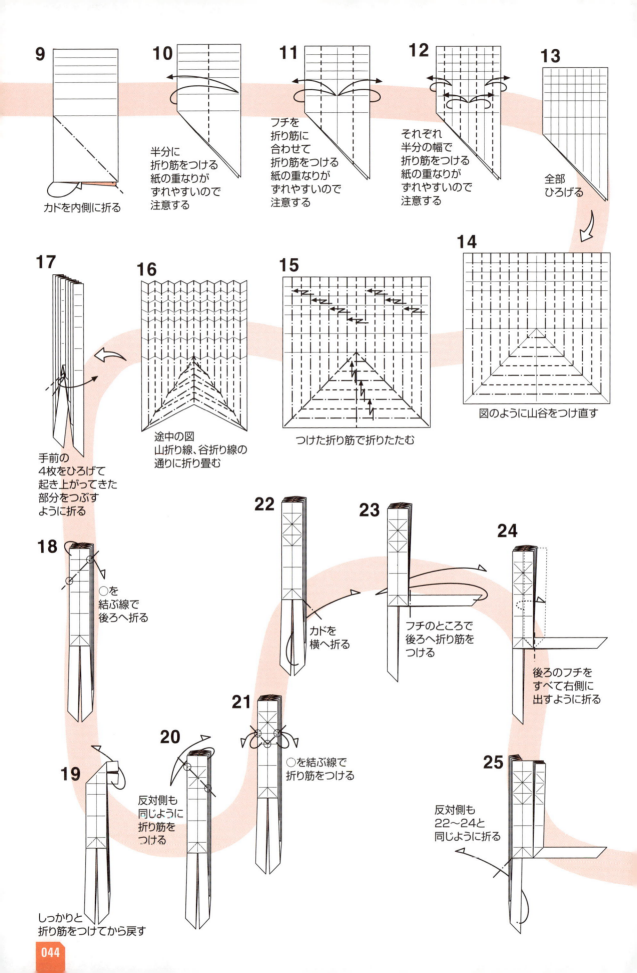

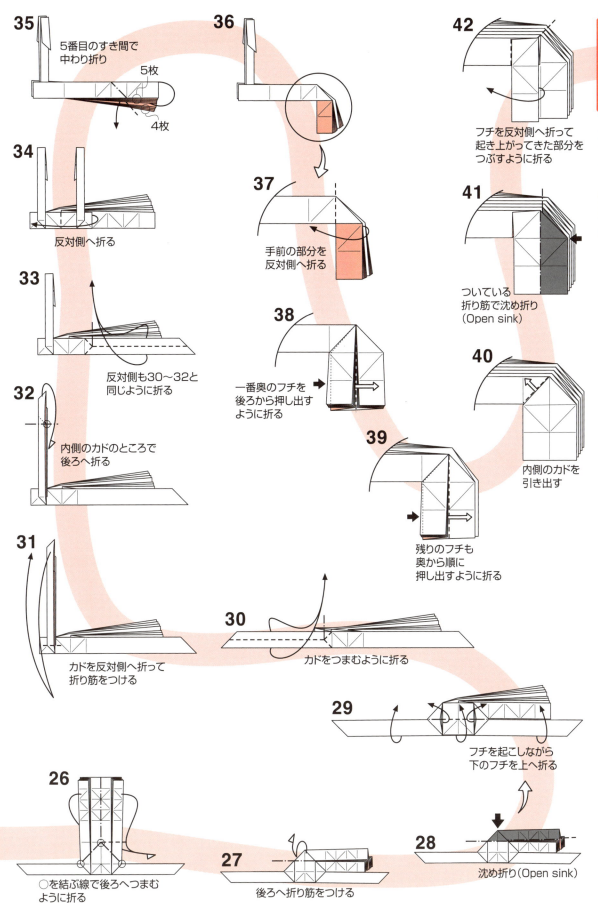

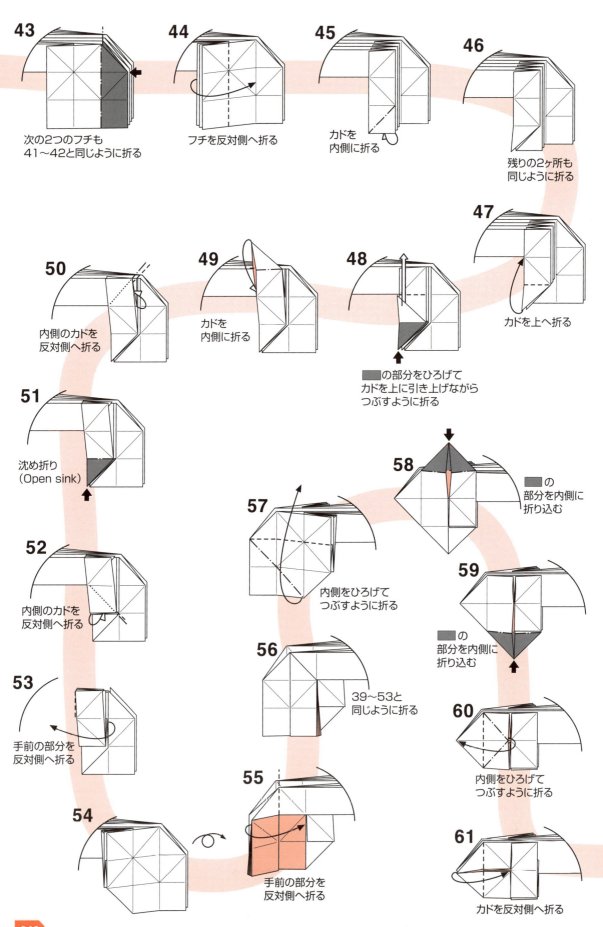

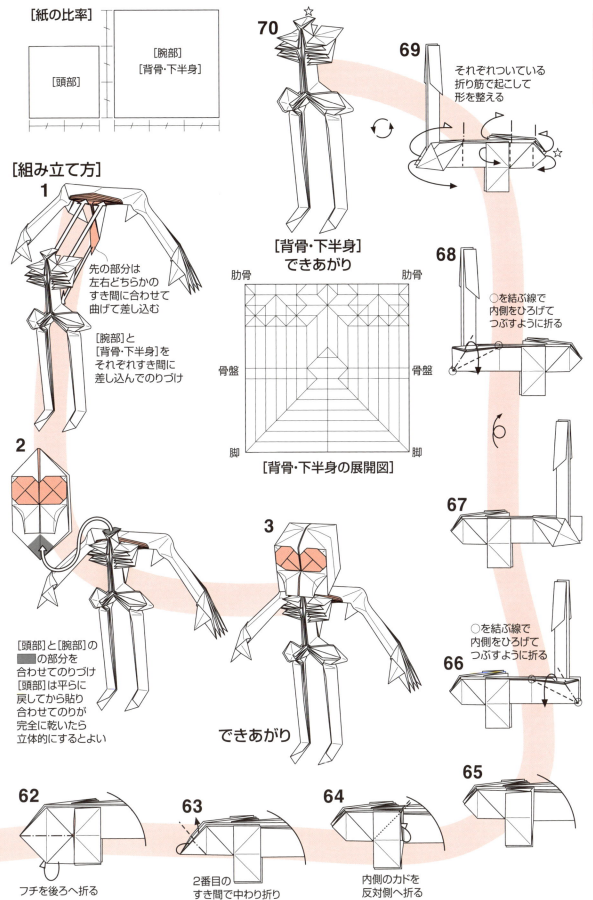

空想生物 〜人〜 フェアリー

Fairy by Yoshihisa Kimura

創作：木村良寿

難易度 ★★☆☆

15cm 折り紙用紙／2枚／複合

創作日1991年3月9日。特にモデルはありません。女性の横姿に羽を付けたごく一般的な妖精です。鳥の翼では天使になってしまうので、鳥とも昆虫ともつかない羽にして、薄くするために三角形の紙を使いました。座り姿はなるべく足が長くなるように（特にひざから下）折ってください。

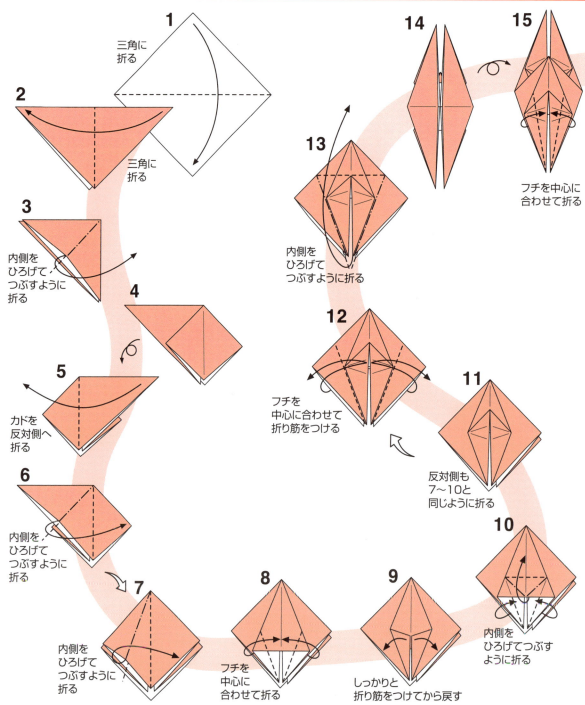

048

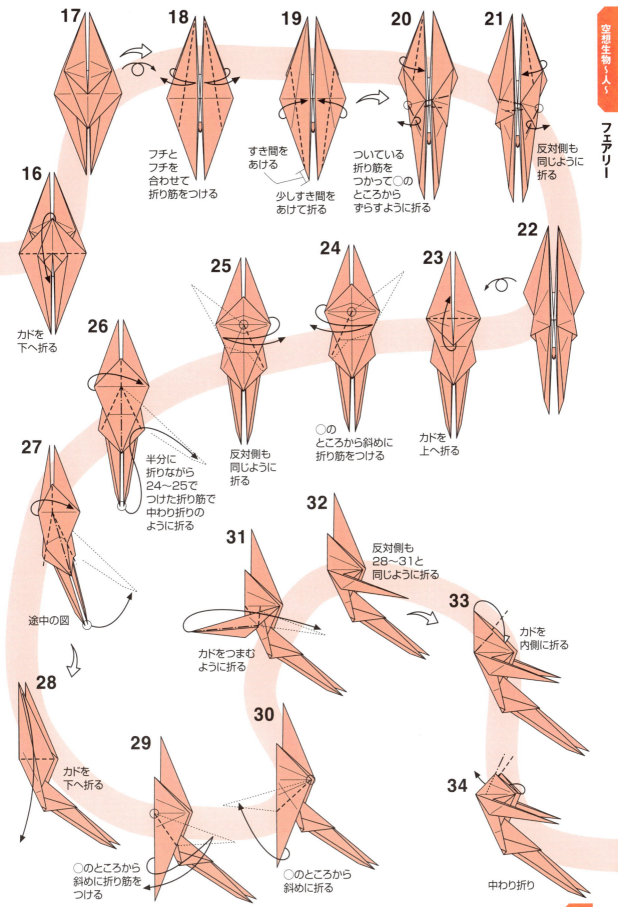

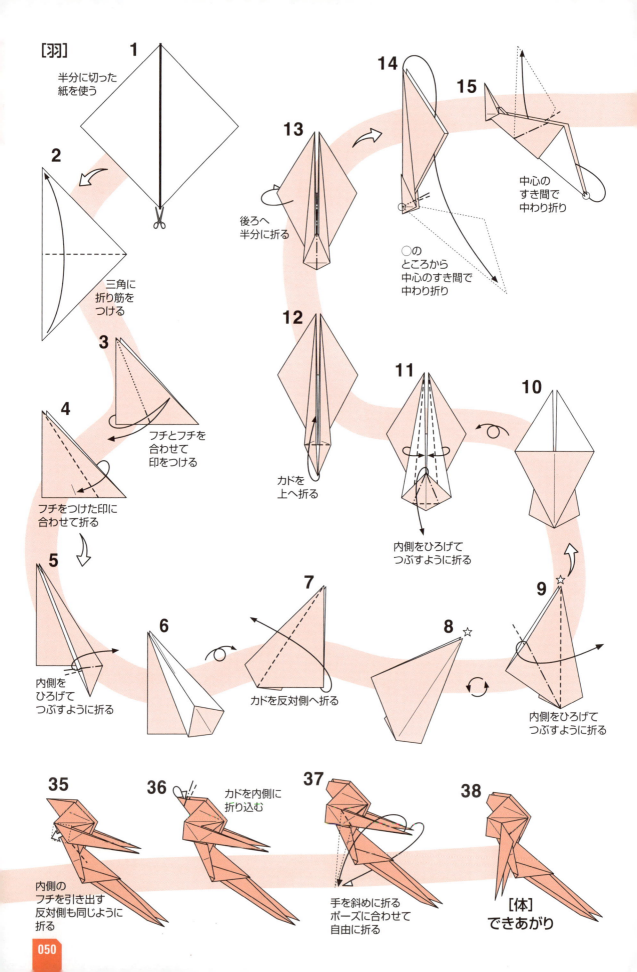

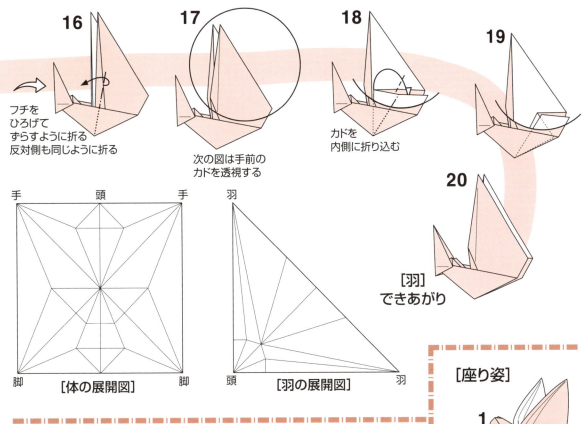
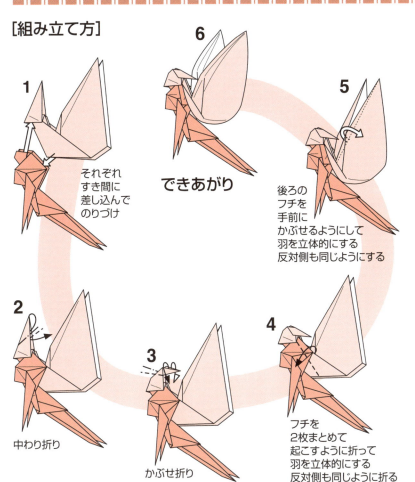
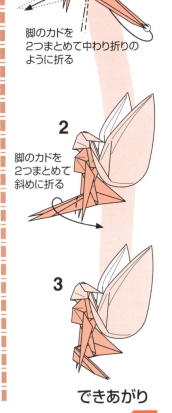

アラカルト	新聞を読む人
難易度 ★★☆☆	**Reading the Paper** by Herman Van Goubergen 創作：ヘルマン・ヴァン・グーベルジャン 15cm 折り紙用紙／1枚／不切正方一枚折り

これは私の初期の作品で、新聞とそれによって隠れない、いくつかの体の部位を折ることで、完全な人物作品を表現したいと思って制作しました。この作品の鑑賞者は見えない全ての部分を想像しなければならず、またこの手法によってほとんど紙が無駄になりません。シンプルな形状が気に入っていますが、手の表現だけは作り込んでしまいました。

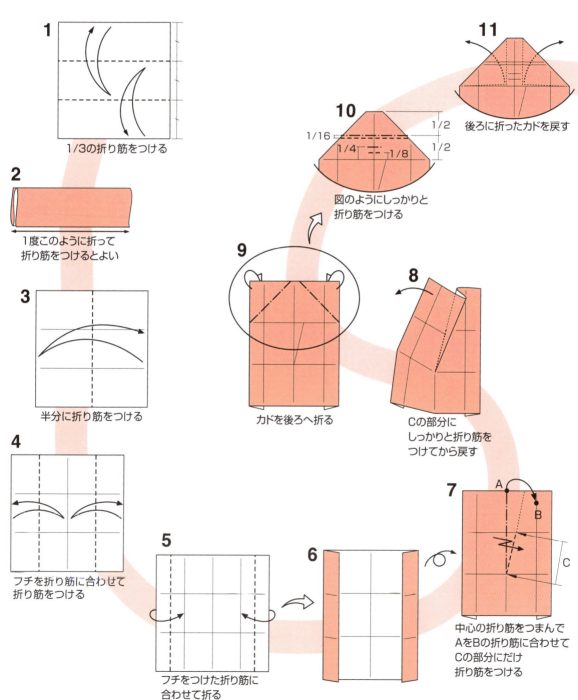

1. 1/3の折り筋をつける
2. 1度このように折って折り筋をつけるとよい
3. 半分に折り筋をつける
4. フチを折り筋に合わせて折り筋をつける
5. フチをつけた折り筋に合わせて折る
6.
7. 中心の折り筋をつまんでAをBの折り筋に合わせてCの部分にだけ折り筋をつける
8. Cの部分にしっかりと折り筋をつけてから戻す
9. カドを後ろへ折る
10. 図のようにしっかりと折り筋をつける
11. 後ろに折ったカドを戻す

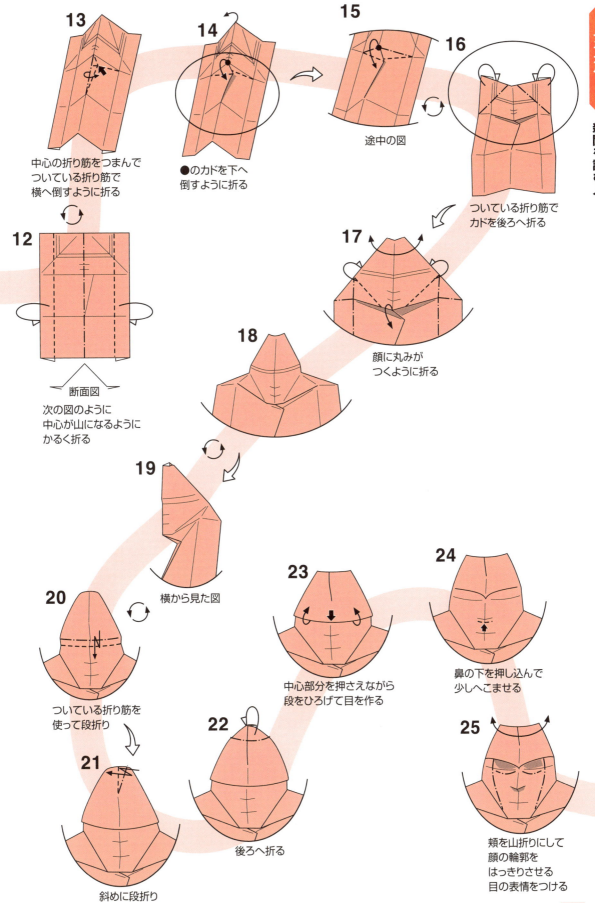

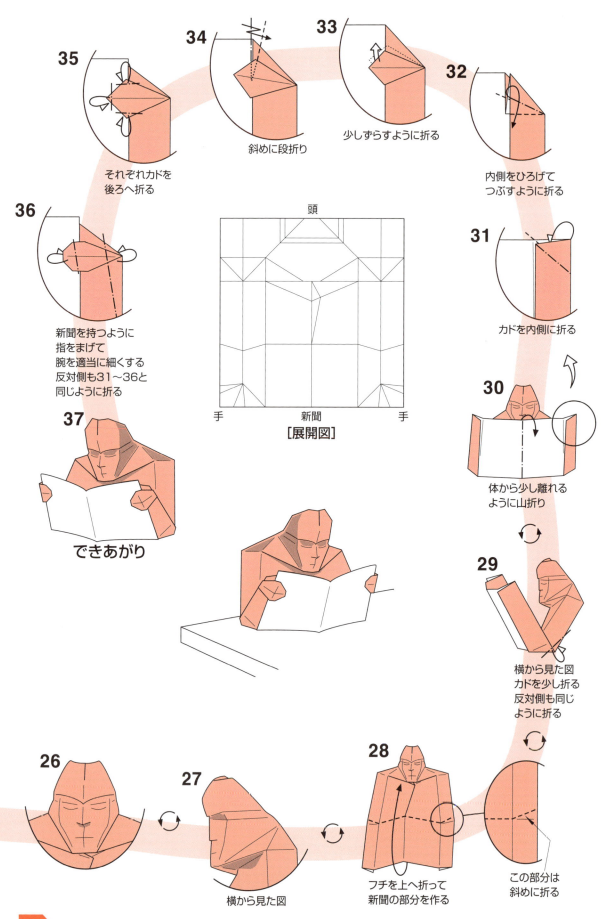

アラカルト

難易度 ★★★☆☆

バラヅル

Rose Crane by Satoshi Kamiya
創作：神谷哲史
20cm 折り紙用紙／1枚／不切正方一枚折り

川崎敏和氏の名作「バラ」のねじり折り構造を、折り鶴の背中に組み込んだ作品です。本作では、ねじり折りと折り鶴の構造を接続するため、ねじり折りをそのまま組み込むのではなく、角度等を変えて歪ませた状態で埋め込んでいます。折りやすさは少し落ちますが、ねじり折りで発生するヒダが中央にそろうため、汎用性は高くなっています。

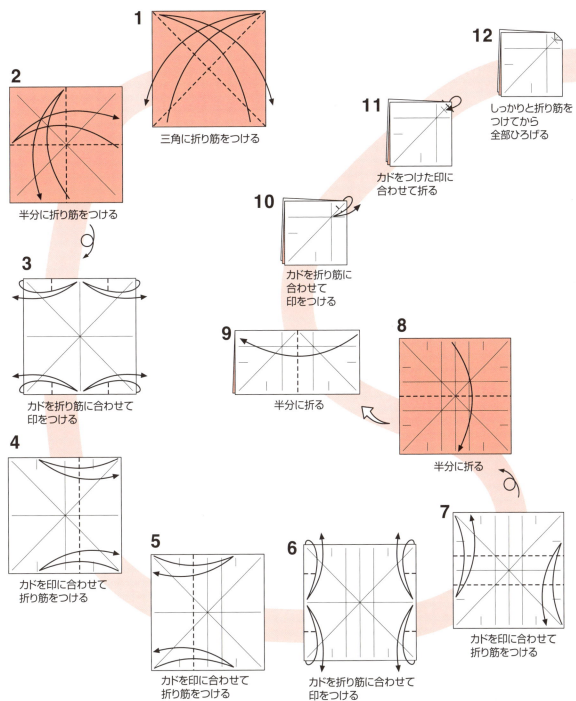

055

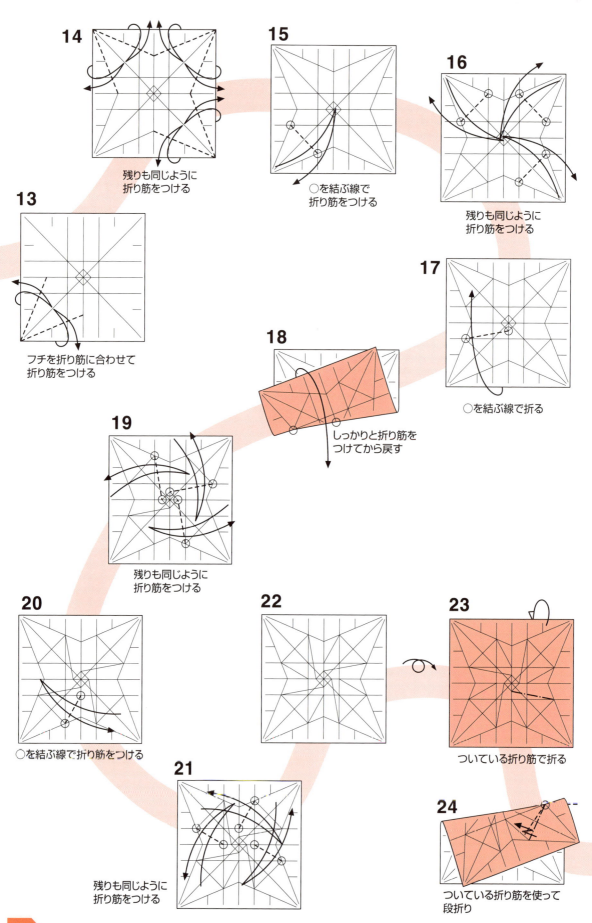

33
ついている折り筋でひろげるように折る
平らにはならない

32
ついている折り筋で手前の部分を右へ奥の部分を左に折る
平らにはならない

31
■の部分をつぶすように折る

30
半分に折る

34
中心の部分を押し込むようにして形をととのえる

35
中心がへこんだ形になる

36
27でつけた折り筋でつまむように折る

アラカルト　バラヅル

29
残りも23〜28と同じように折り筋をつける

28
しっかりと折り筋をつけてから戻す

26
このフチを合わせるようにする

ついている山折りの折り筋でつまむように折る

25
しっかりと折り筋をつけてから戻す

27
24でつけた折り筋を使ってつまむように折る

057

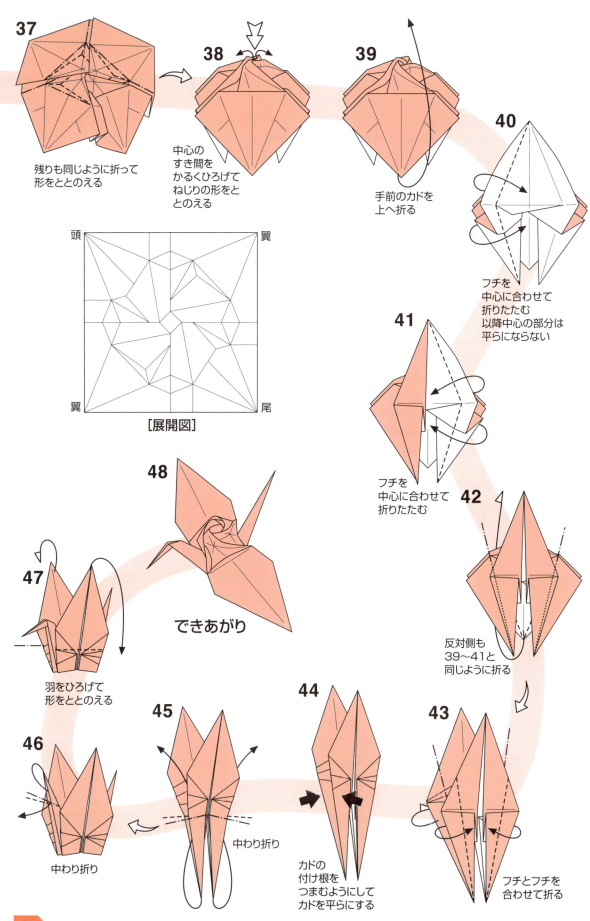

第 2 章

鳥類

BIRDS

難易度
★★
☆☆☆

イワトビ
ペンギン
P.060

難易度
★★
★☆☆

ツバメ
P.063

ふくろう
P.070

難易度
★★
★★☆

小鳥
P.074

アラカルト

あじさい折り
P.084
難易度 ★★★☆☆

鳥類

イワトビペンギン

Rockhopper Penguin by Makoto Yamaguchi

創作：山口 真

難易度 ★★☆☆☆

20cm 折り紙用紙／1枚／不切正方一枚折り

頭部に立派な飾り羽を持ったペンギンです。飾り羽はカドを段折りすることで表現しています。もし飾り羽に色をつけたい場合は、P.62の展開図で飾り羽になるカドを確認し、色を塗ったり紙を貼りつけたりするとよいでしょう。難しい折り方はありませんが、頭部の紙が厚くなるので破らないよう気をつけましょう。

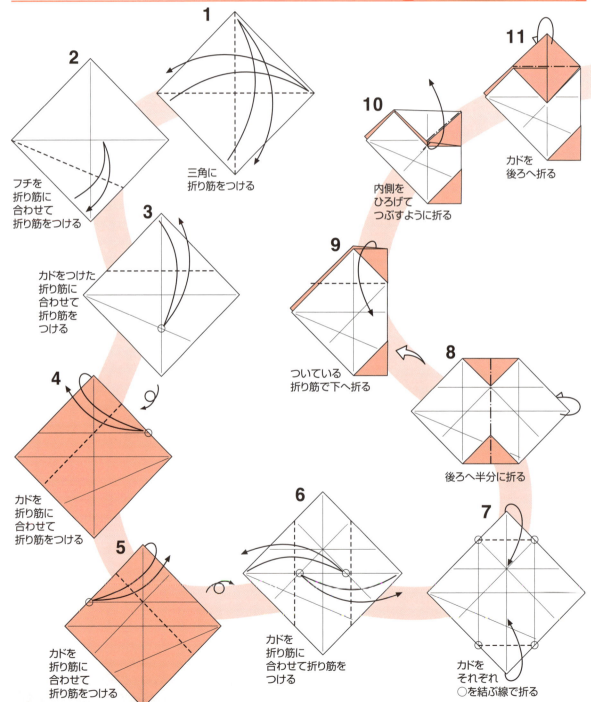

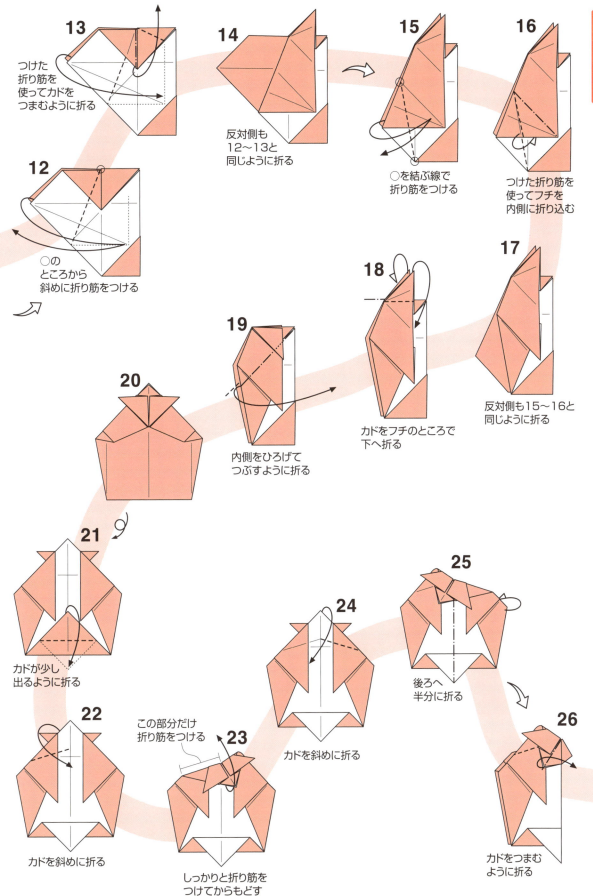

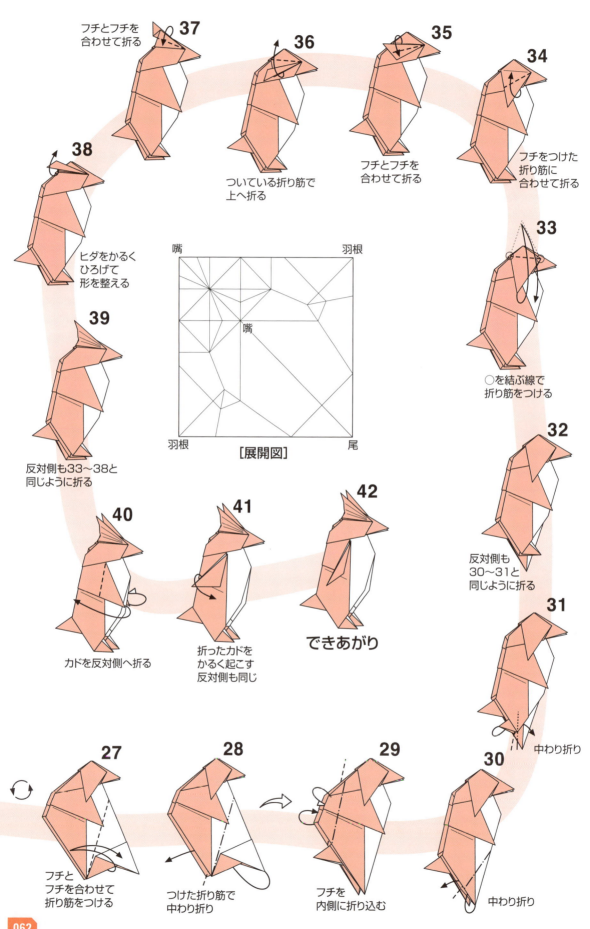

鳥類

難易度 ★★★☆☆

ツバメ

Swallow by Sipho Mabona

創作：シッポ・マボナ

25cm 折り紙用紙／1枚／不切正方一枚折り

あやめの基本形を使った単純な構造でありながら、折り込みによってリアルな立体作品として完成する、作者の造形センスが光る作品です。図47〜51が比較的難易度の高い折り方になります。図46でしっかりと折り筋をつけて、内側から指を差し込むなどして、できるだけきれいにひろげるようにしてください。（著者）

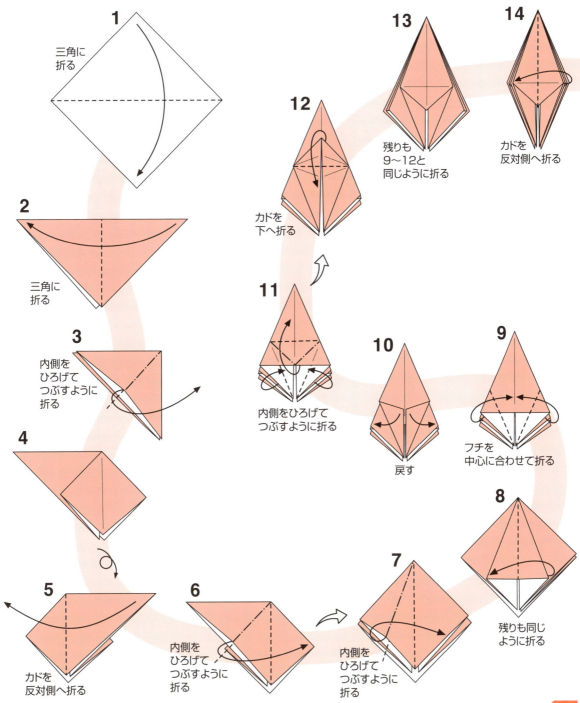

063

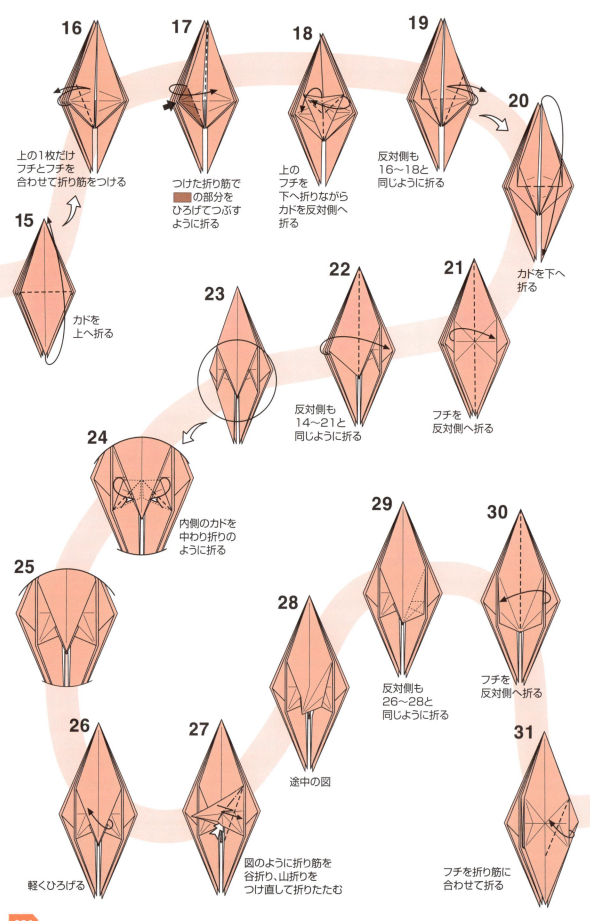

41
カドのところで
折り筋をつける

42
■の部分を
内側に押し込む

43
カドを横へひろげながら
フチを上へ折る

45
フチのところで
下へ折る

鳥類 ツバメ

44
途中の図
カドをフチに合わせて
折りながら平らにする

40

39
反対側も
30〜38と
同じように折る

38
カドを
反対側へ折る

37
カドを
ついている
折り筋で折る

36
上の
1枚の
カドを
フチのところで
折る

32
しっかりと折り筋を
つけてから戻す

この
部分だけ
折り筋を
つける

33
フチを折り筋に
合わせて折る

34
この
部分だけ
折り筋を
つける

しっかりと折り筋を
つけてから戻す

35
カドをつまむ
ように折る

065

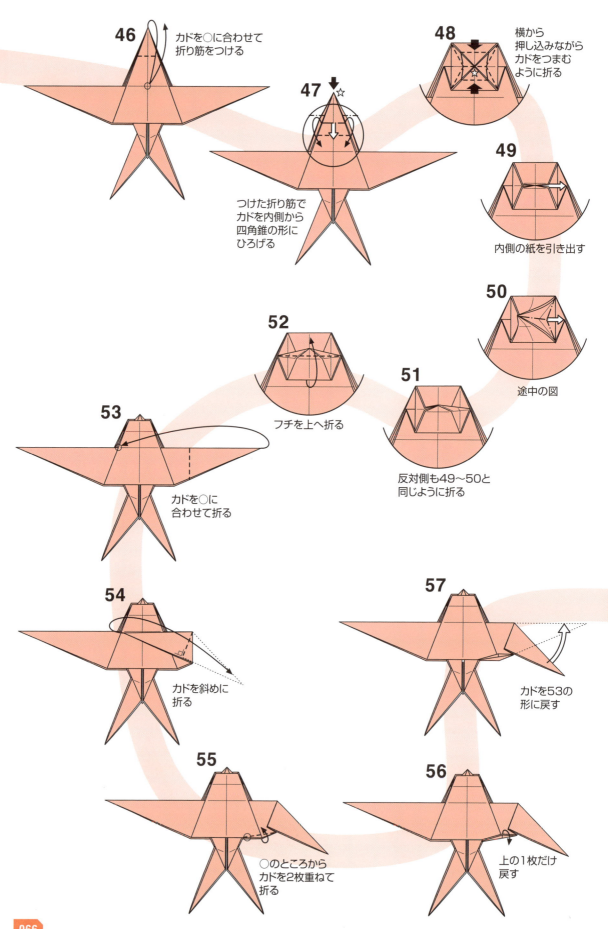

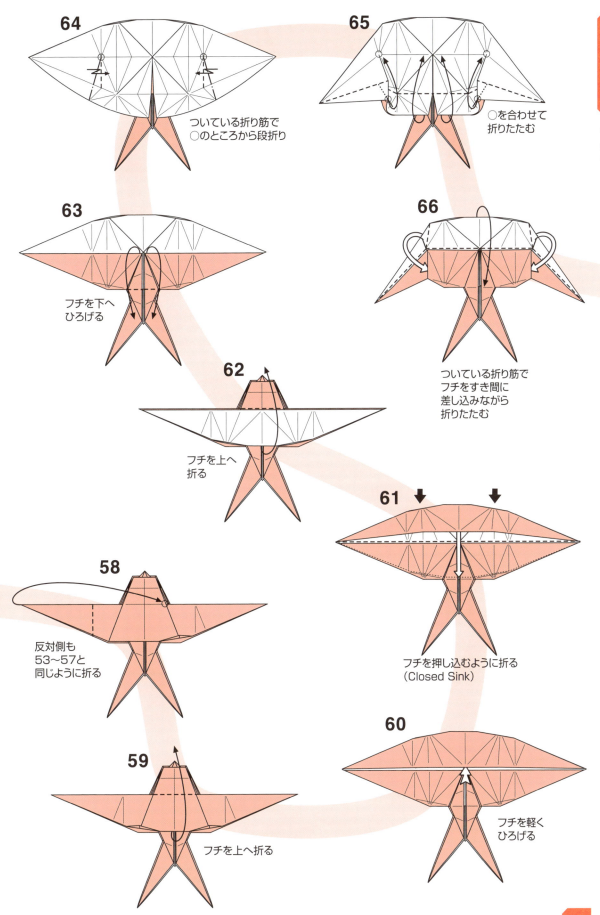

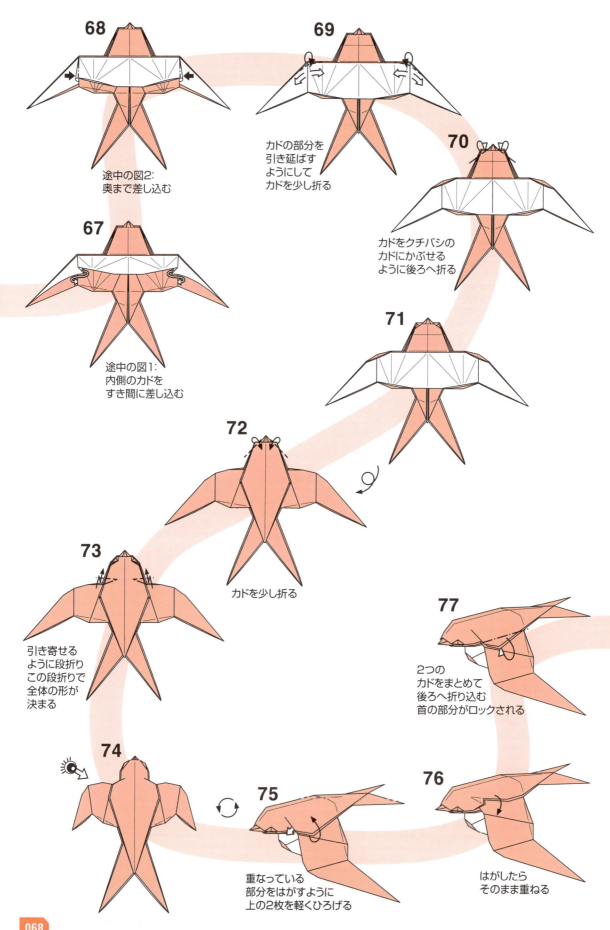

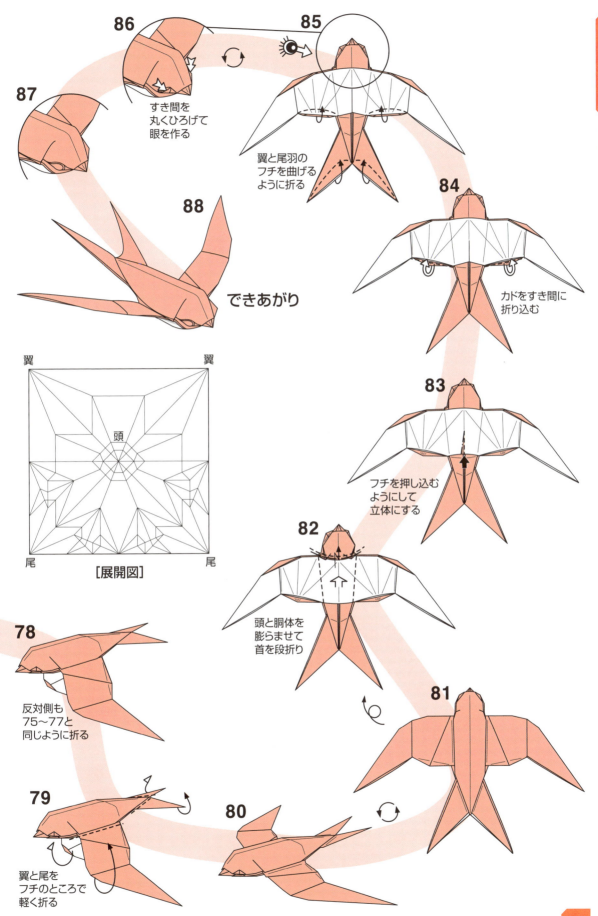

鳥類	ふくろう
—	Owl by Yoshio Tsuda
難易度 ★★★☆☆	創作：津田良夫
	25cm 折り紙用紙／1枚／不切正方一枚折り

加瀬氏の「つぼ」というシンプルで見事な立体的作品があります。その折り方を胴体に利用して考案したのが、この「ふくろう」です。頭部の折り方でやや苦労しましたが、特徴は出せたように思っています。シンプルな作品に仕上げたのですが、最近は、羽毛をつけたり、脚をつけたりして写実的なモデルを創作しています。

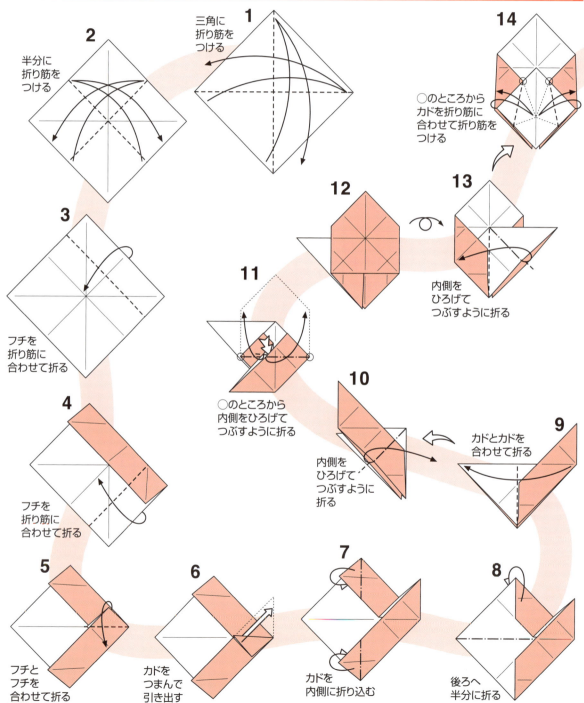

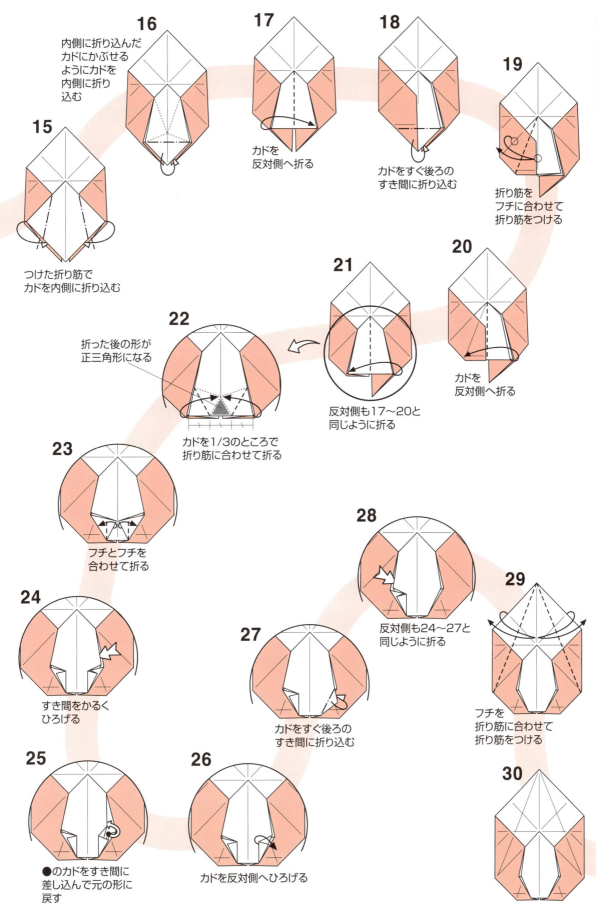

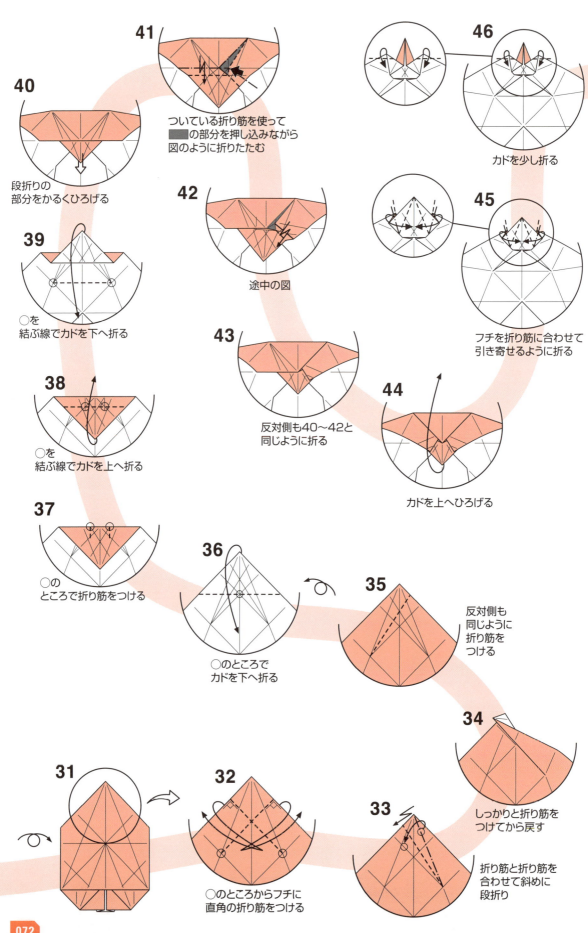

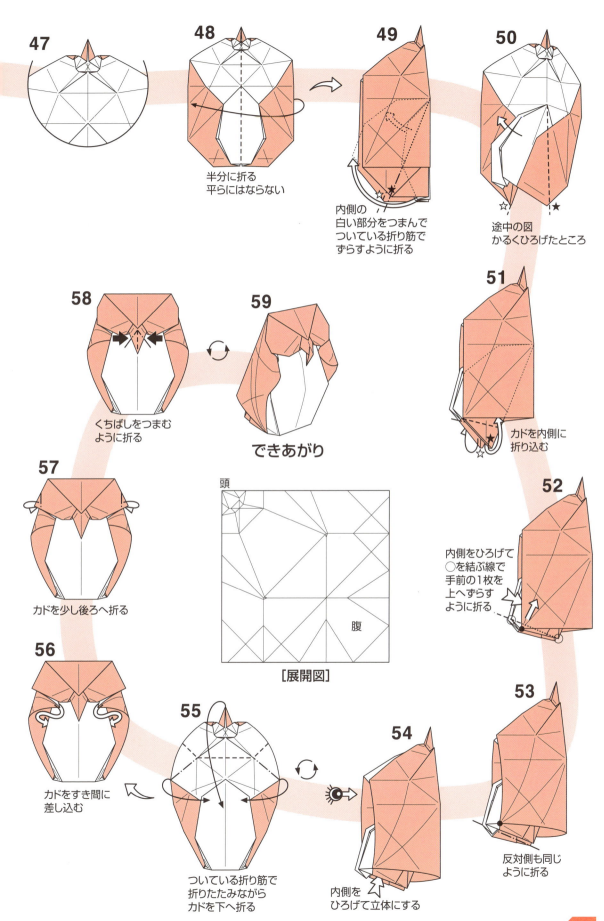

| 鳥類 | # 小鳥 |

Little Bird by Hideo Komatsu

創作：小松英夫

25cm 折り紙用紙／1枚／不切正方一枚折り

難易度 ★★★★☆

小鳥のふっくらとしたお腹を、自然に立体化できる折り構造を使うことで表現しました。幾何学的に基準のある折りのみで、たたんだ翼を造形している点もポイントの1つです。見た目の印象に比べると難易度は高めかもしれません。特に中盤以降で特殊な折り方が何度か出てきますが、続く図をよく見て折り進めてください。

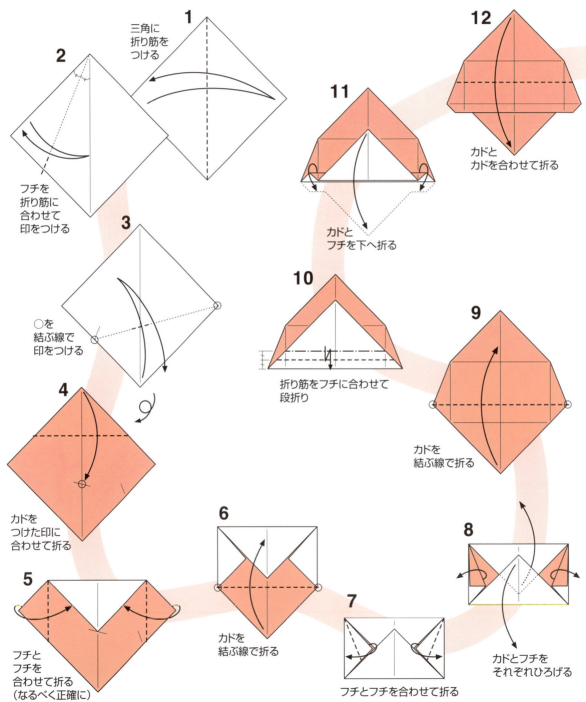

074

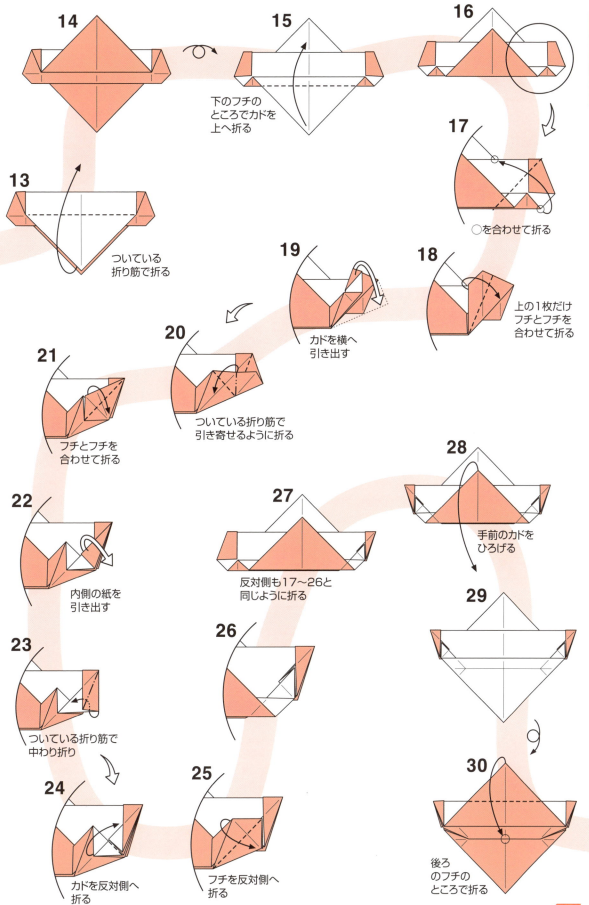

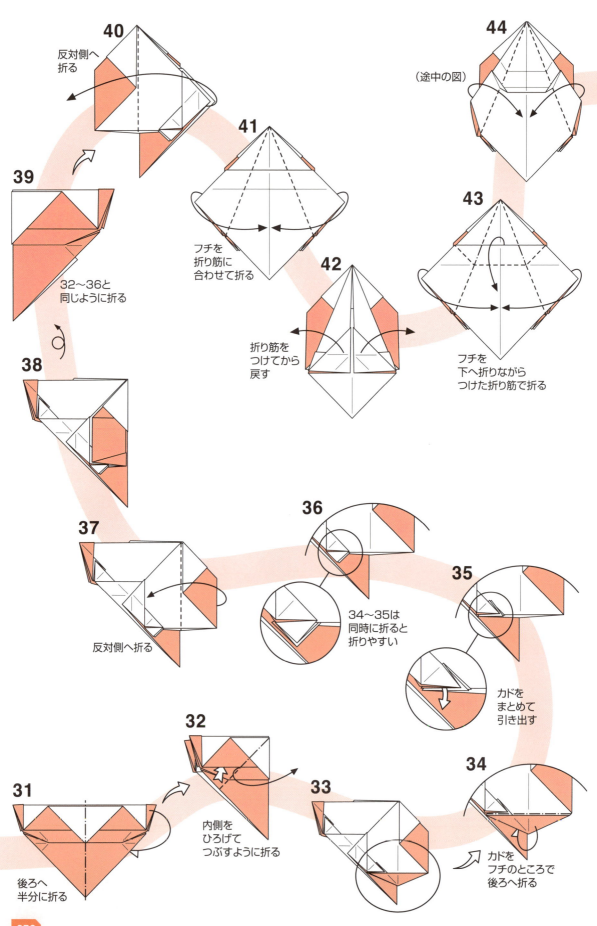

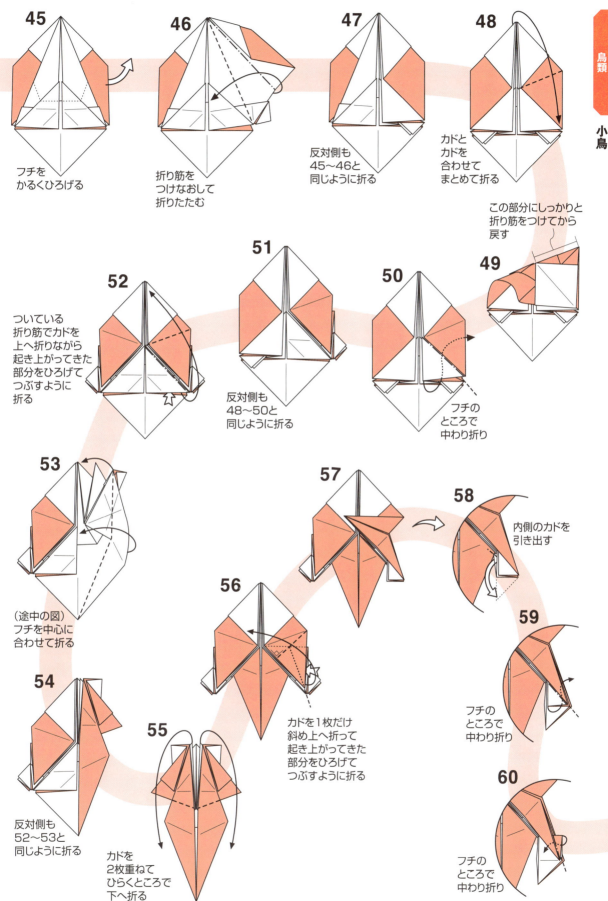

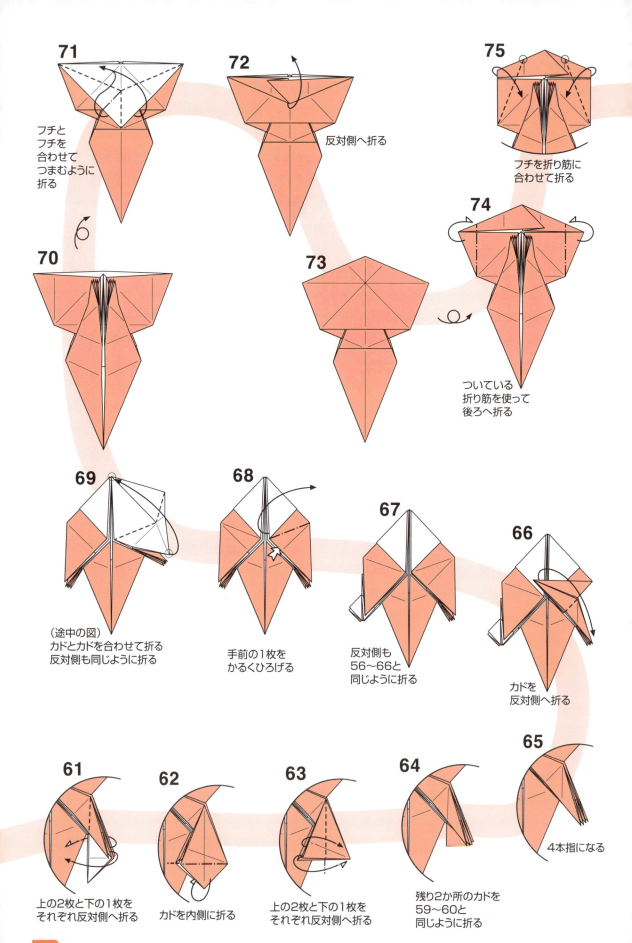

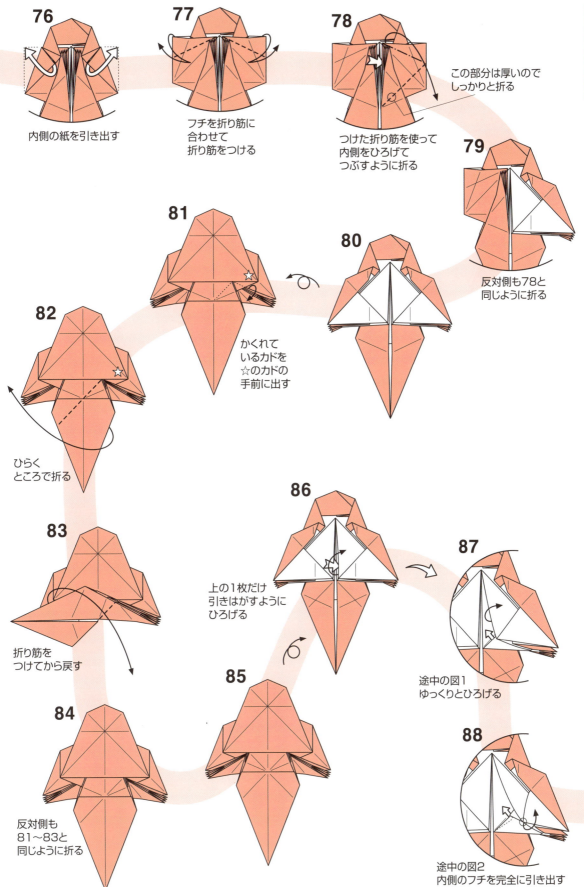

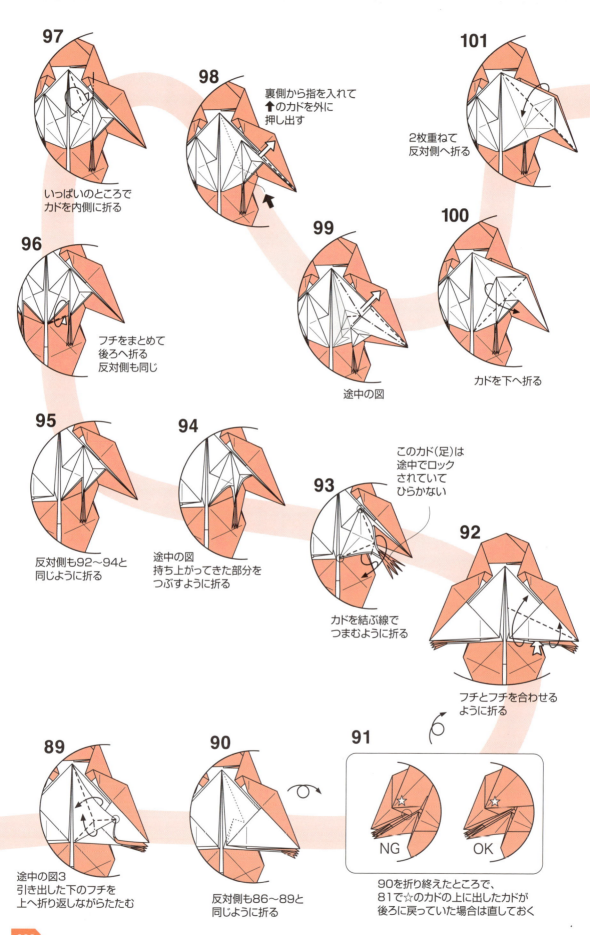

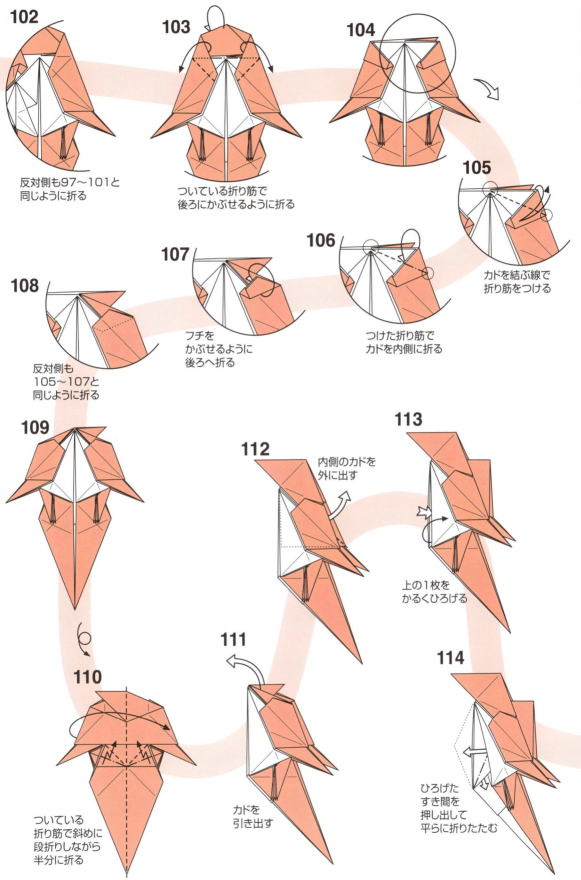

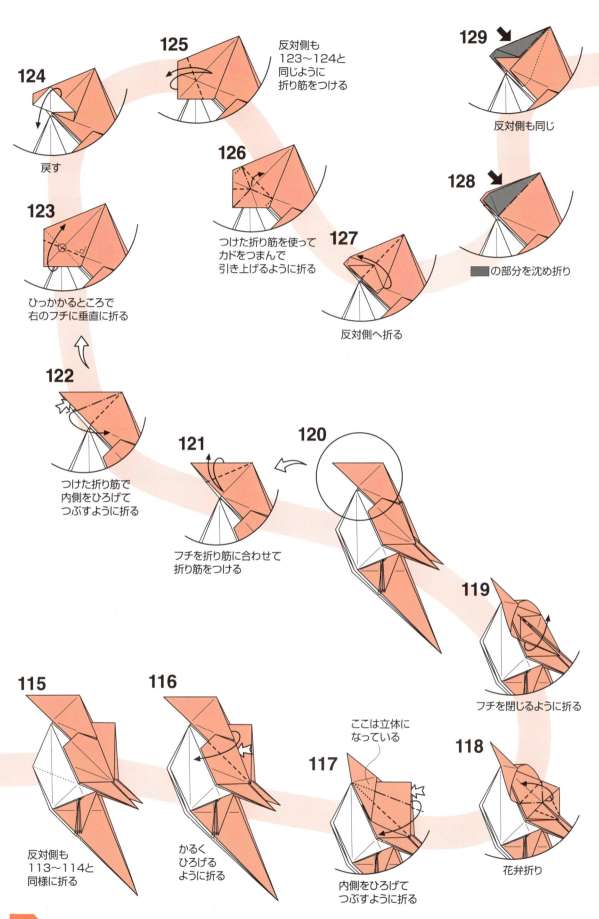

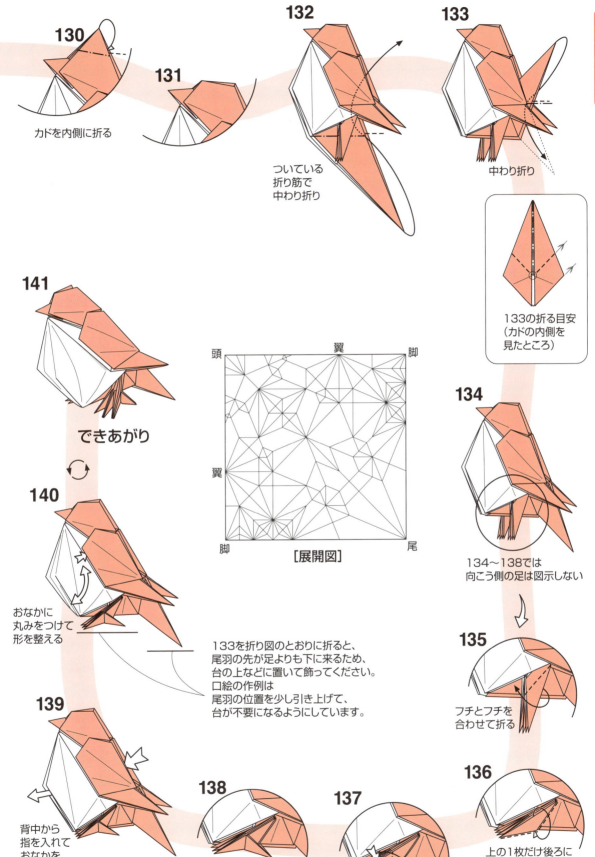

アラカルト　あじさい折り

Fujimoto Hydrangea by Shuzo Fujimoto

創作：藤本修三

難易度 ★★★☆☆

15cm 折り紙用紙／各1枚／不切正方一枚折り

あじさい折りは、1978年に原形となる「クローバー折り」と「じゅうたん」という作品があり、これを発展させた幾何的な作品です。組み合わせ次第で無限のバリエーションが存在する本作品ですが、今回はその中から2パターンを折り図化しました。序盤でつける折り筋はできるだけしっかりと正確につけるようにしましょう。（著者）

［あじさい折り1］

1 半分に折り筋をつける

2 フチを折り筋に合わせて折り筋をつける

3 フチを折り筋に合わせて折り筋をつける

4 フチを折り筋に合わせて折り筋をつける

5 カドを中心に合わせて折り筋をつける

6 ○を結ぶ線で折り筋をつける

7 残りも同じように折り筋をつける

8 ついている折り筋で段折り

9 ついている折り筋で内側をひろげて折りたたむ

10 ついている折り筋でカドを反対側へ折る

11 ついている折り筋で内側をひろげて折りたたむ

12 ついている折り筋でカドを反対側へ折る

084

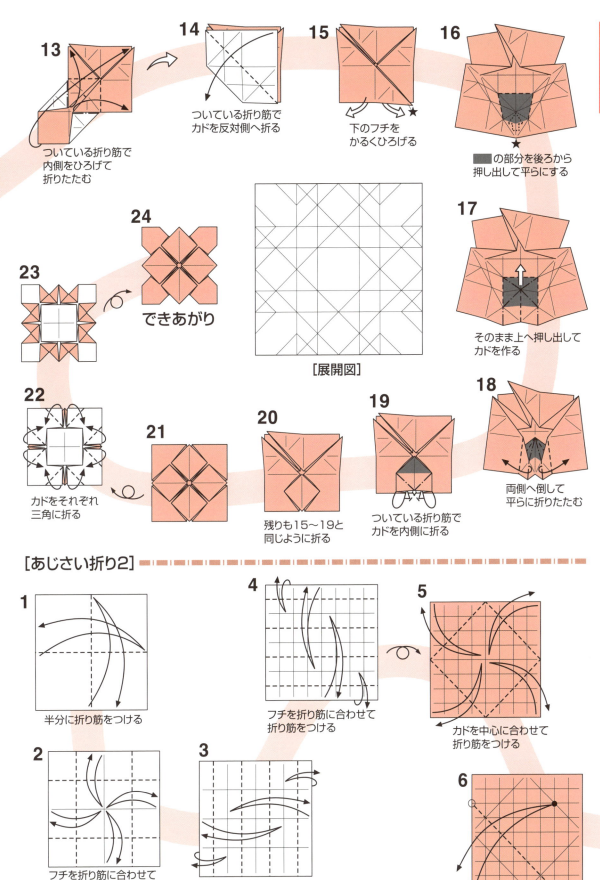

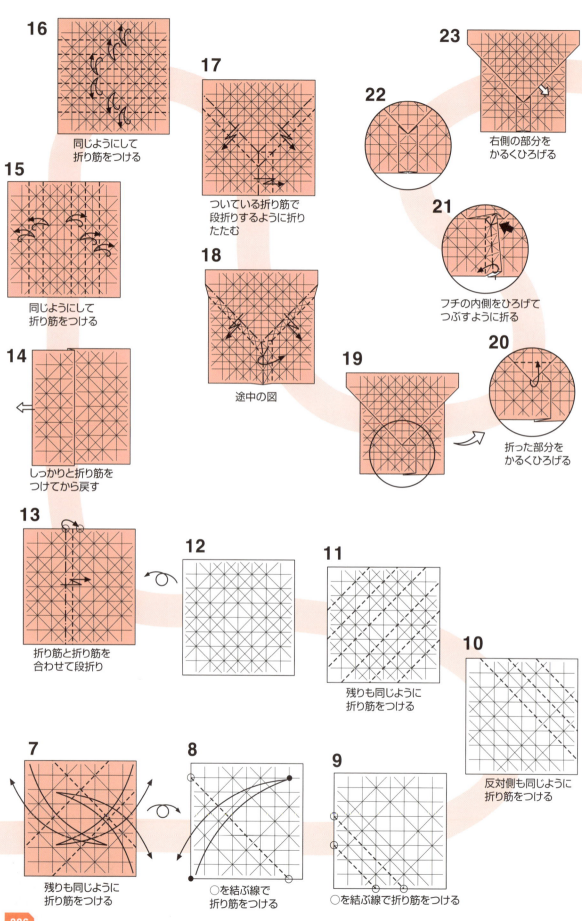

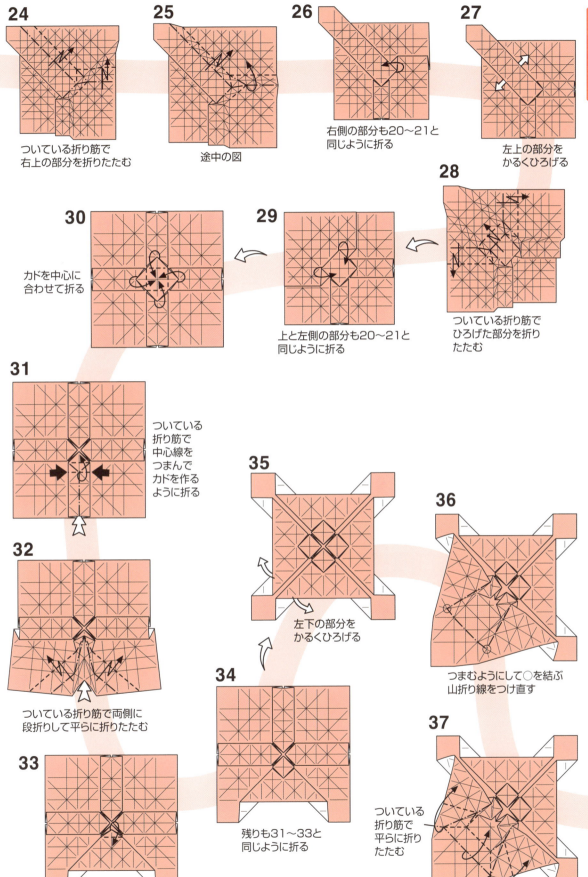

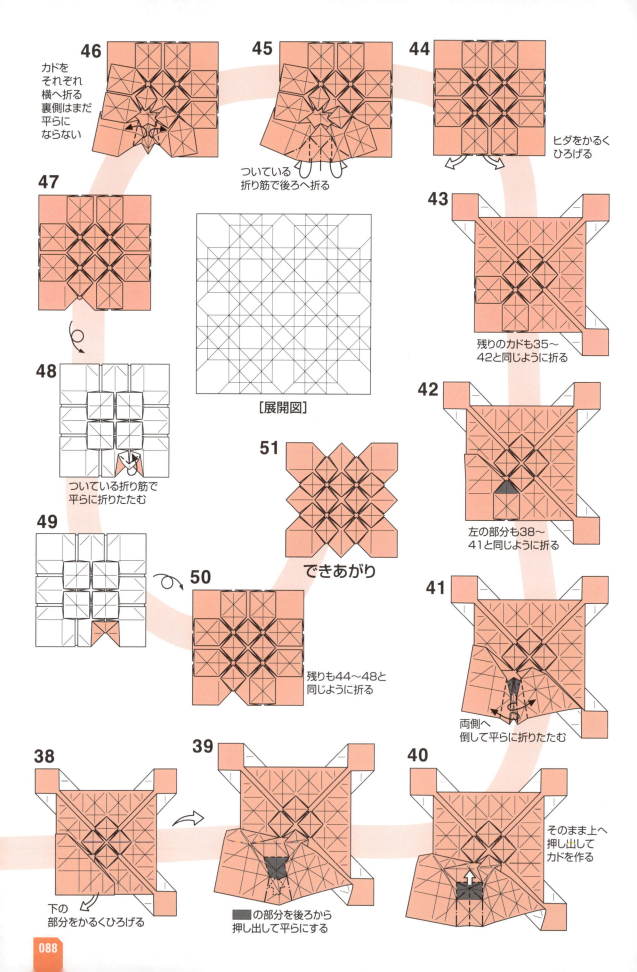

第 3 章
動物
ANIMALS

ダル
メシアン
P.100

難易度
★☆
☆☆☆

ねこ
P.104

難易度
★★
☆☆☆

コリー
P.090

難易度
★★
★☆☆

シマリス
P.109

プードル
P.094

難易度
★★
★★☆

アライグマ
P.114

アラカルト

スイホウガン
P.121
難易度 ★★★★☆

動物 コリー

Collie by Koji Ouchi

創作：大内康治

20cm 折り紙用紙／1枚／不切正方一枚折り

難易度 ★★★☆☆

「座布団小鳥の基本形から創作する」というテーマでWEB掲示板「おりがみ新世代」が盛り上がっていた時の作品です。私は基本形の加工による創作になじみがなく、「フワフワした動物なら作れそう」という直感の下で模索した結果、コリーになりました。尾の色など実際と異なる点もありますが、難し過ぎず、なおかつ目新しさのある作品になったと思います。

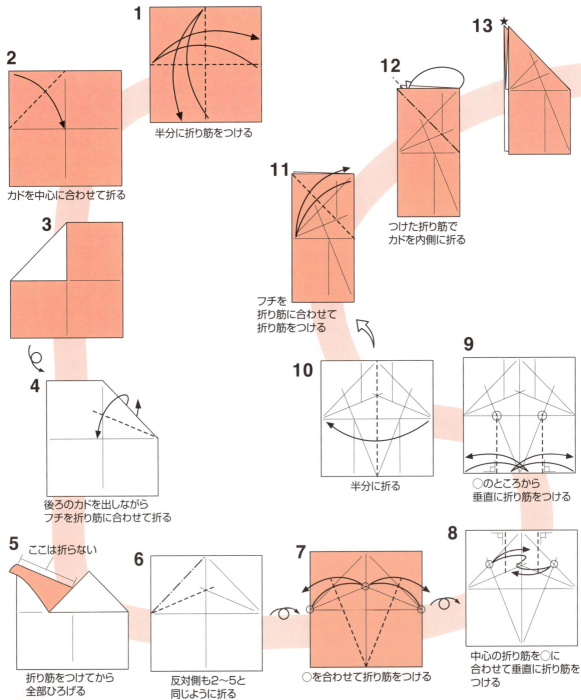

1. 半分に折り筋をつける
2. カドを中心に合わせて折る
3.
4. 後ろのカドを出しながらフチを折り筋に合わせて折る
5. ここは折らない／折り筋をつけてから全部ひろげる
6. 反対側も2〜5と同じように折る
7. ○を合わせて折り筋をつける
8. 中心の折り筋を○に合わせて垂直に折り筋をつける
9. ○のところから垂直に折り筋をつける
10. 半分に折る
11. フチを折り筋に合わせて折り筋をつける
12. つけた折り筋でカドを内側に折る
13.

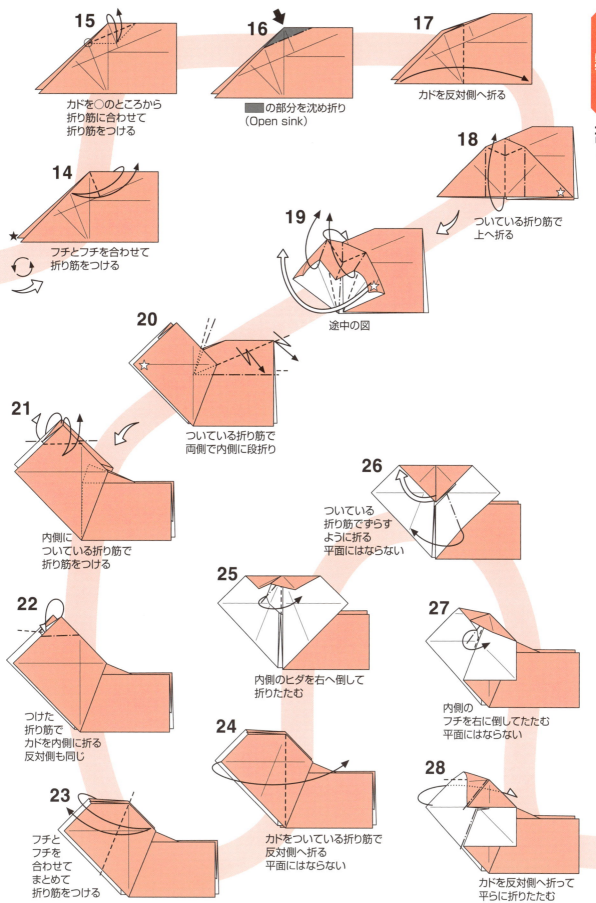

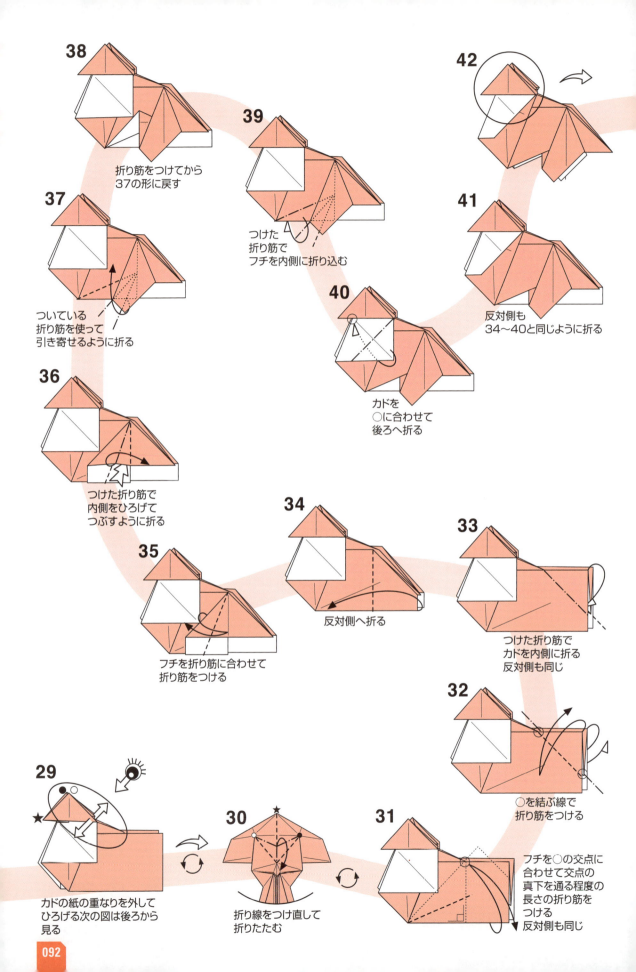

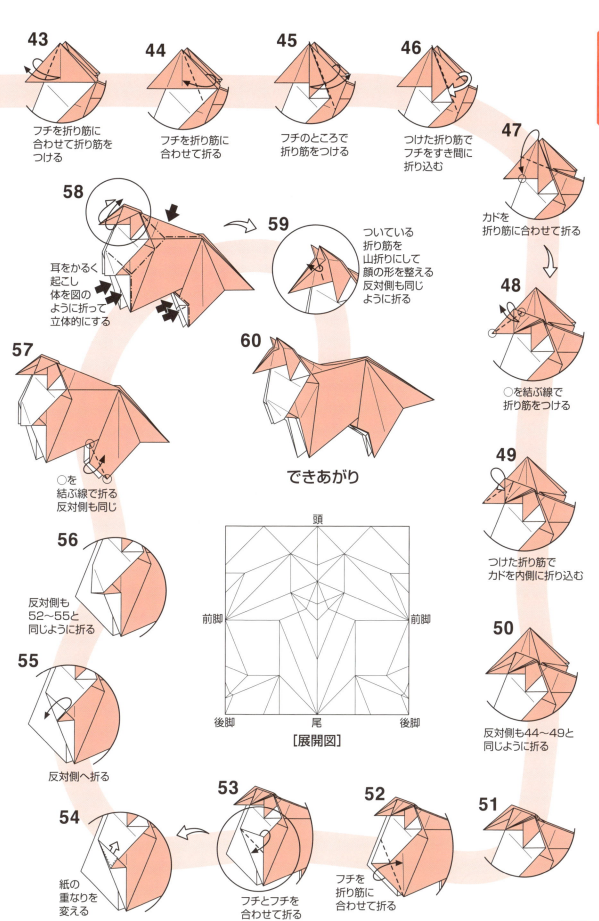

動物

プードル

Poodle by Roman Diaz

創作：ロマン・ディアス

25cm 折り紙用紙／1枚／不切正方一枚折り

難易度 ★★★★☆

プードルはとてもエレガントな外見の犬で、折り紙の作品にしやすい題材です。この作品では、白くふかふかの毛と顔の肌とのコントラストを、可能な限り曲線的な仕上げを使わず、直線の「折り」で表現しています。また、折り紙として自然な形や構造を使っているので、折りやすく楽しめる手順になっています。

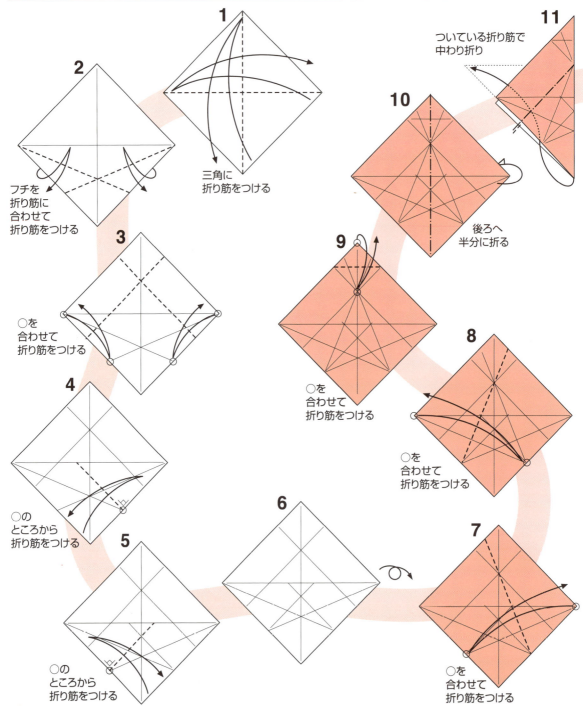

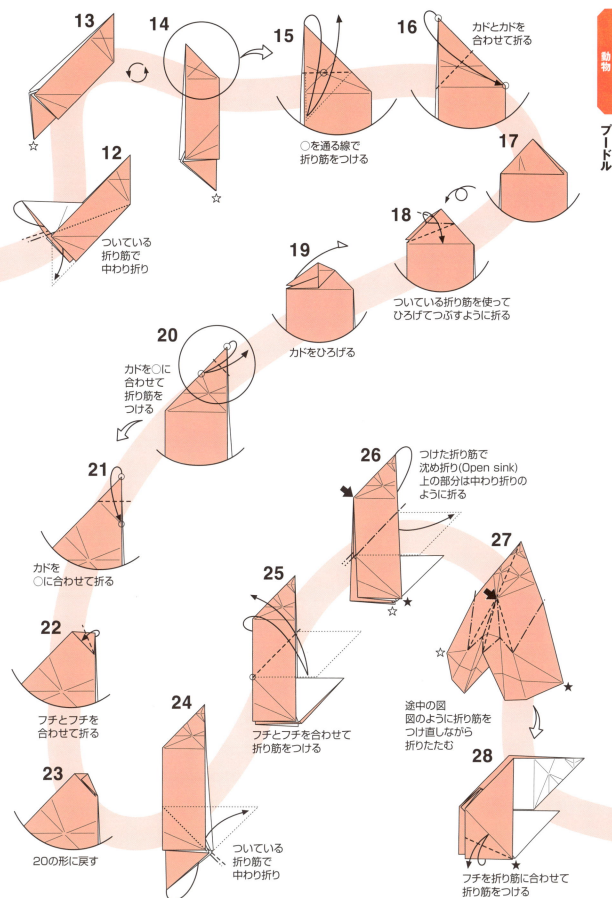

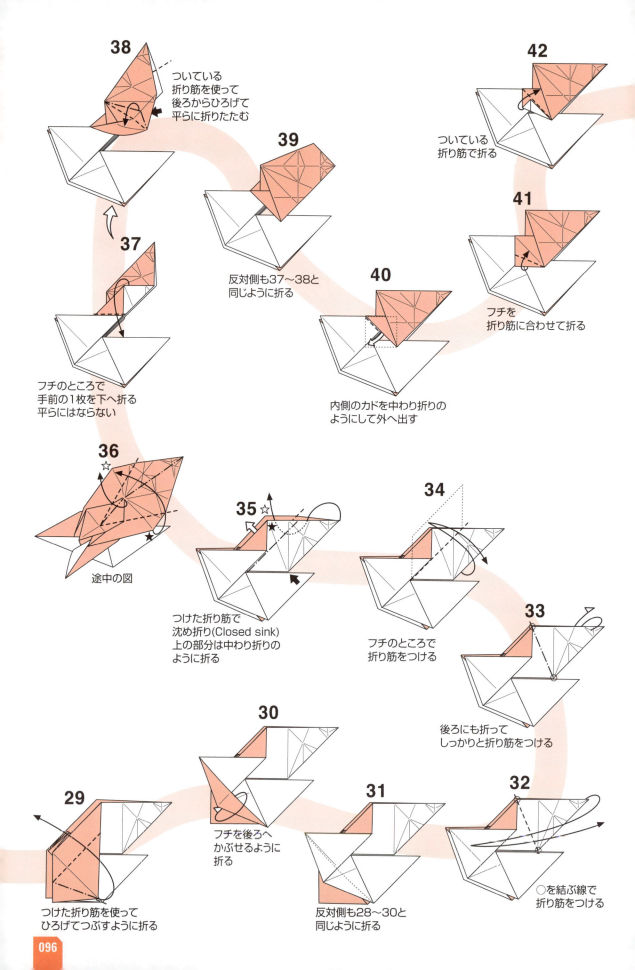

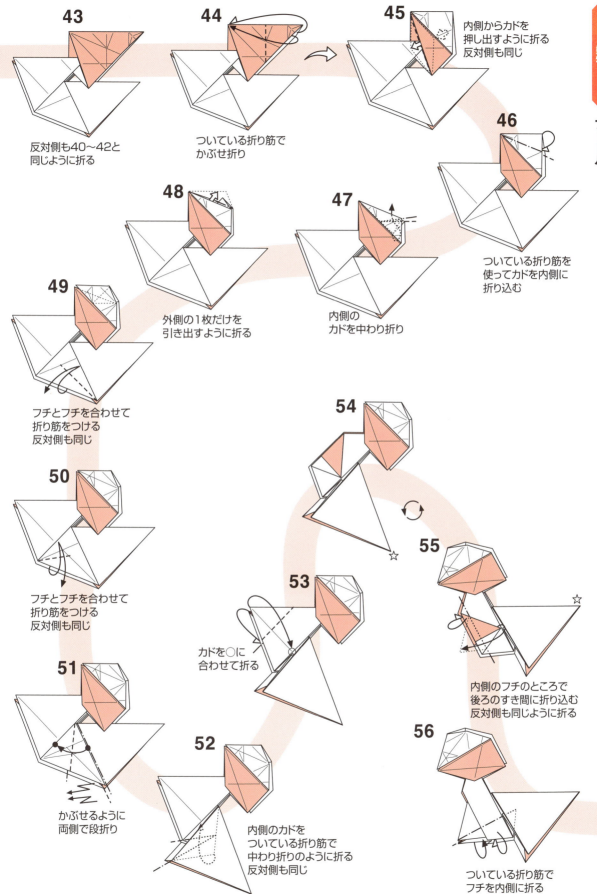

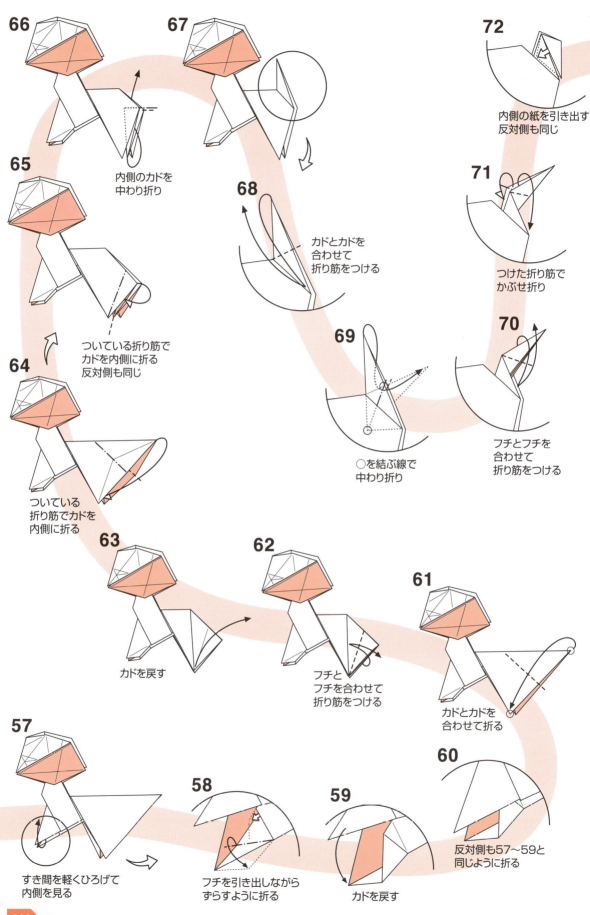

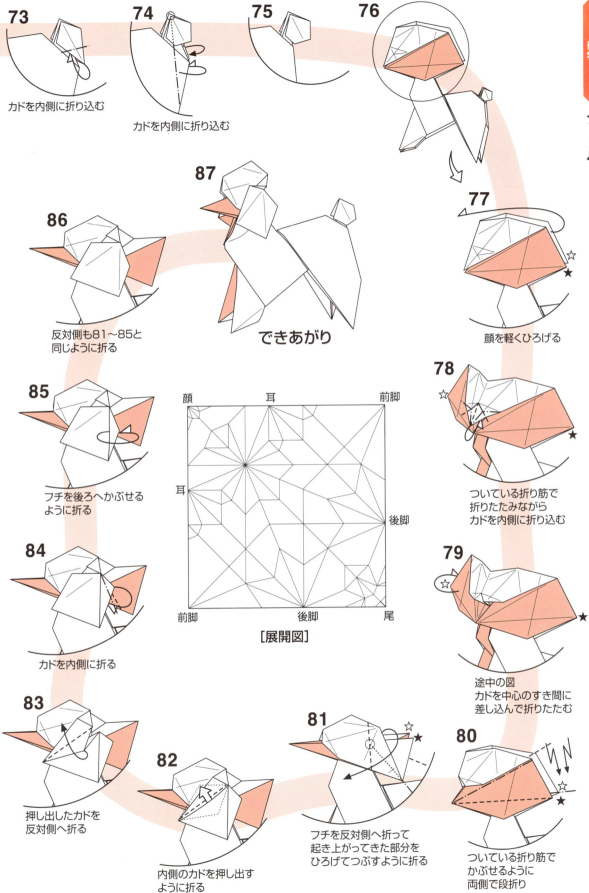

動物

ダルメシアン

Dalmatian by Makoto Yamaguchi

創作：山口 真

15cm 折り紙用紙／2枚／複合

難易度 ★☆☆☆☆

ダルメシアンは有名な白黒模様の大型犬ですが、この作品ではその特徴的な体型を表現しています。それぞれのカドを長く出すことができ、比較的自由度が高いため、折り込む前の形を基本形として他の犬種を作ることもできそうです。紙の中心線に紙が集まり多少破れやすくなるので、厚手の紙を使用する場合は注意しましょう。

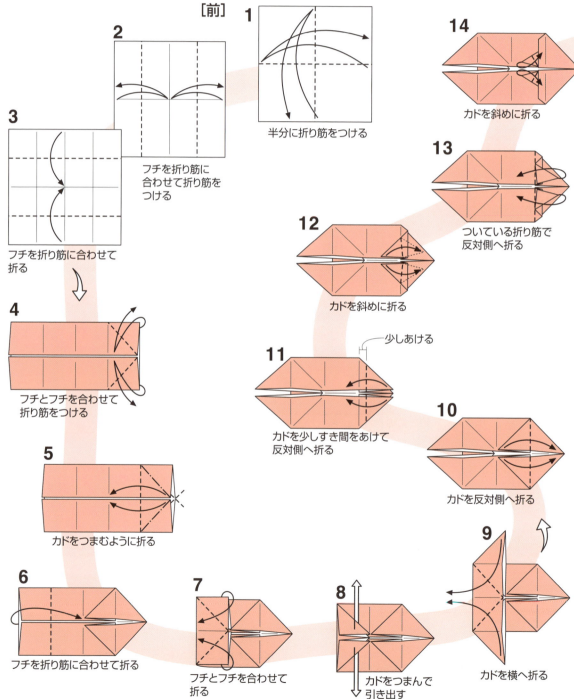

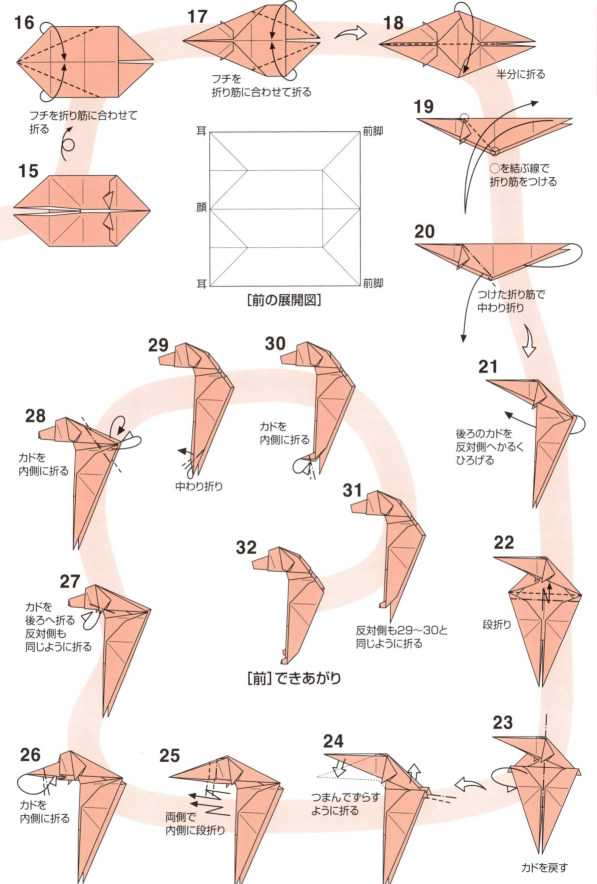

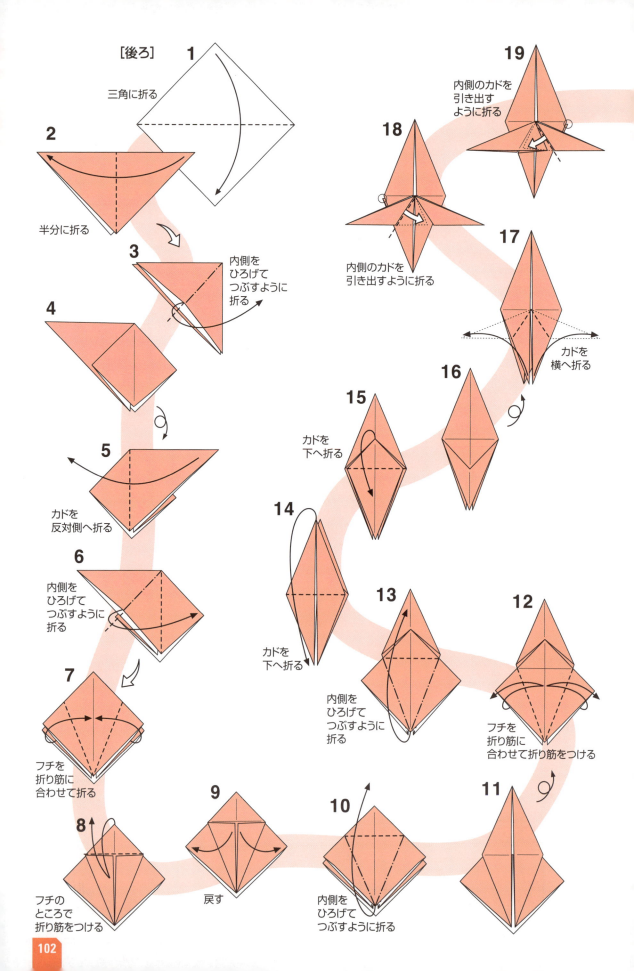

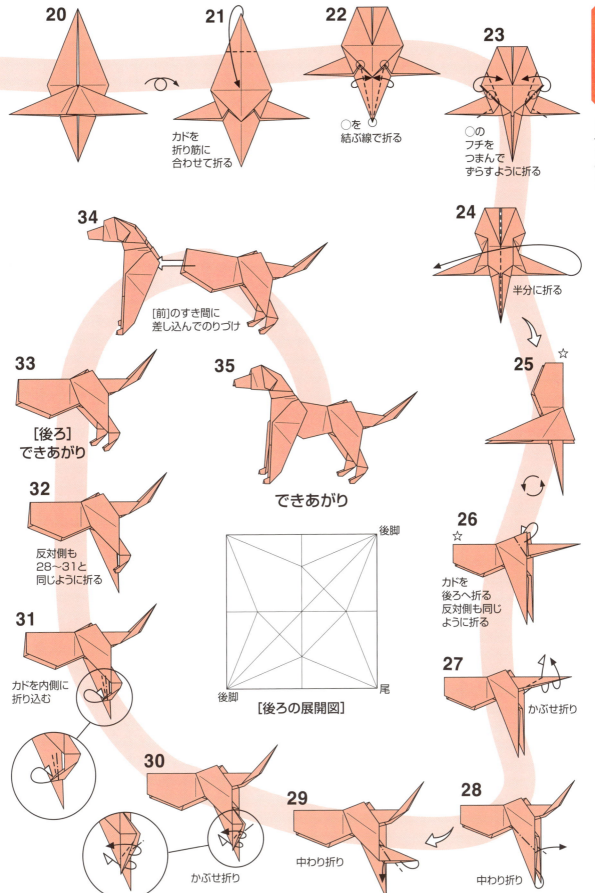

動物

ねこ

Cat by Makoto Yamaguchi

創作：山口 真

15cm 折り紙用紙／2枚／複合

難易度 ★★☆☆☆

［前］と［後ろ］にパーツを分けることによって、比較的簡単に脚や尾のカドを長く出すことができました。［前］の図19では内側の紙を引き出すことによって猫の「ひたい」を折り出します。［後ろ］の図13では逆にカドを押し込み（沈め折り）ますが、こちらは比較的難しいので図の山線、谷線をよく見て折りたたみましょう。

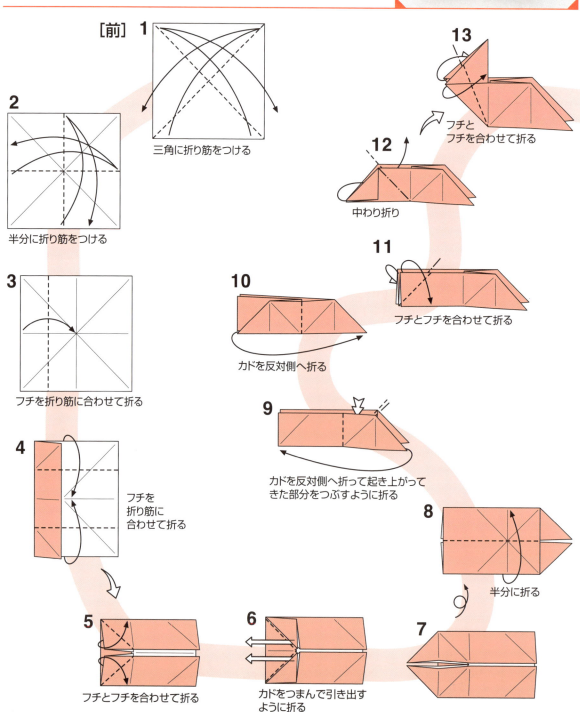

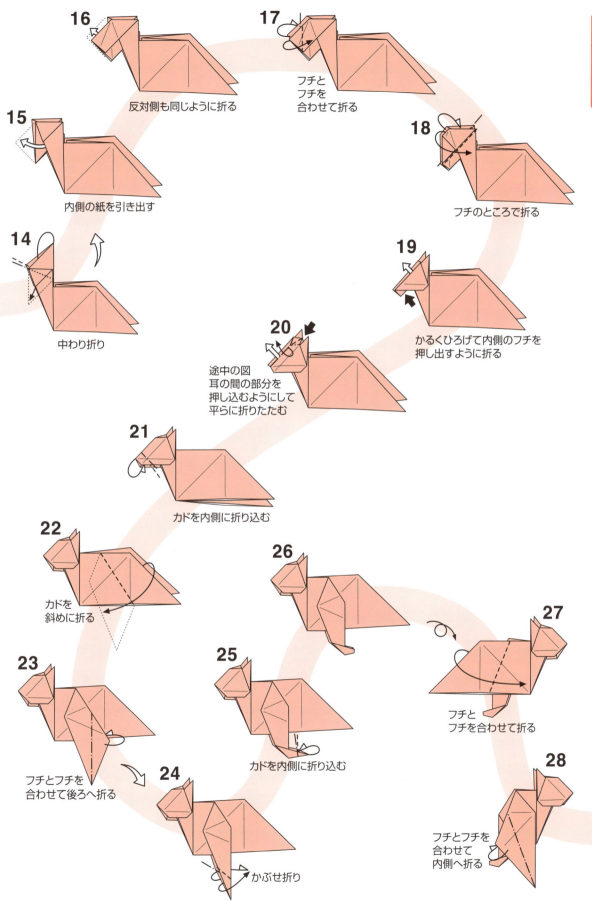

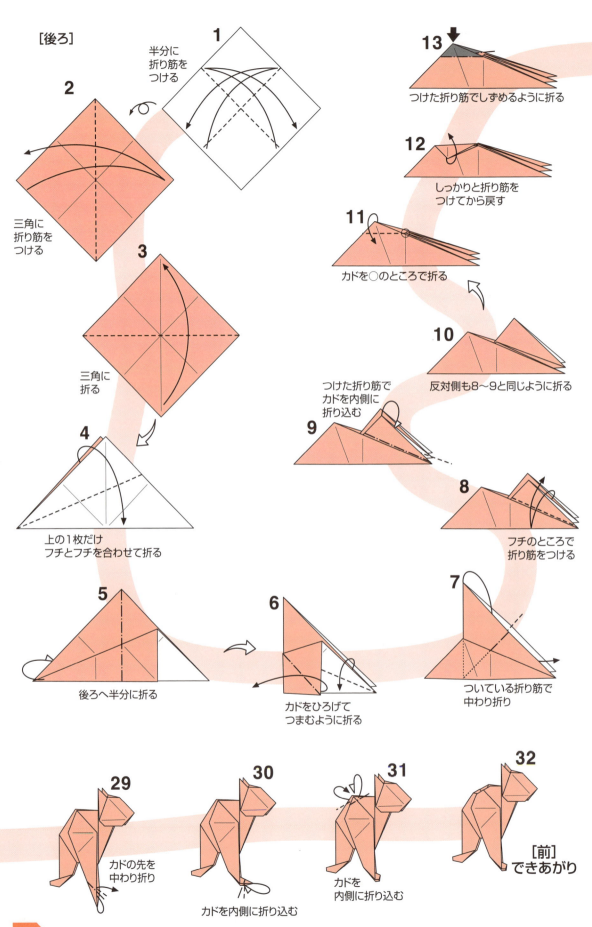

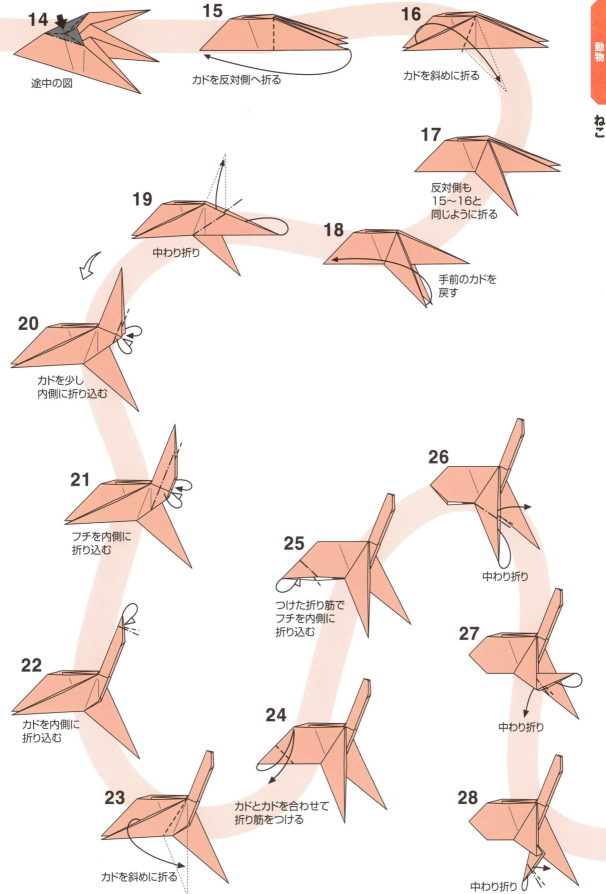

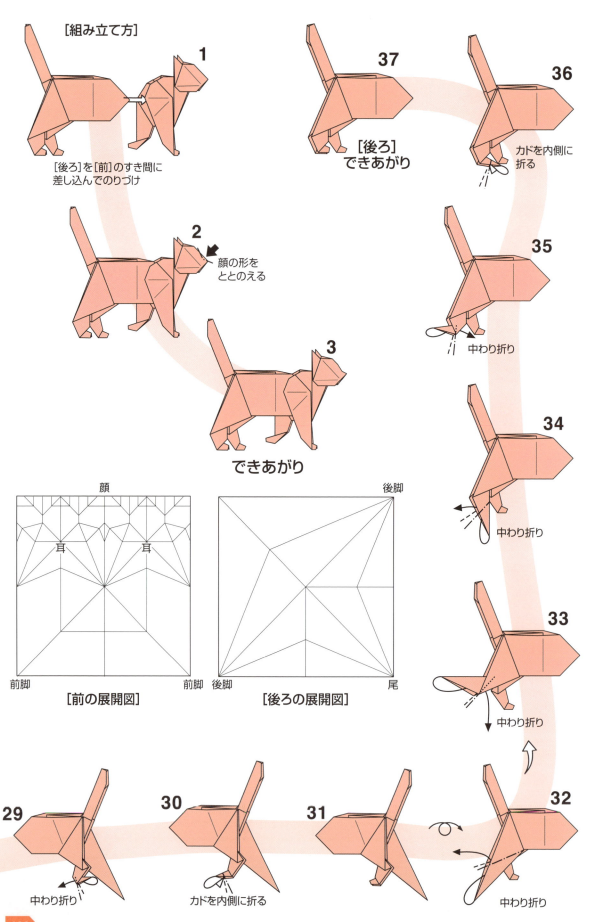

動物

シマリス

Chipmunk by Kyohei Katsuta

創作：勝田恭平

15cm 折り紙用紙／2枚／複合

難易度 ★★★☆☆

シマリスのような線状の模様を持つ生き物は多いですが、折り紙作品でこれを再現するのは非常に難易度が高くなりがちです。その解決策として「2枚の紙を重ね合わせて折る」ということをコンセプトに創作を始めた作品です。重ねて折る際に［内側］がずれていってしまう場合は、重ねた時点で軽くのりづけをしておくとよいでしょう。

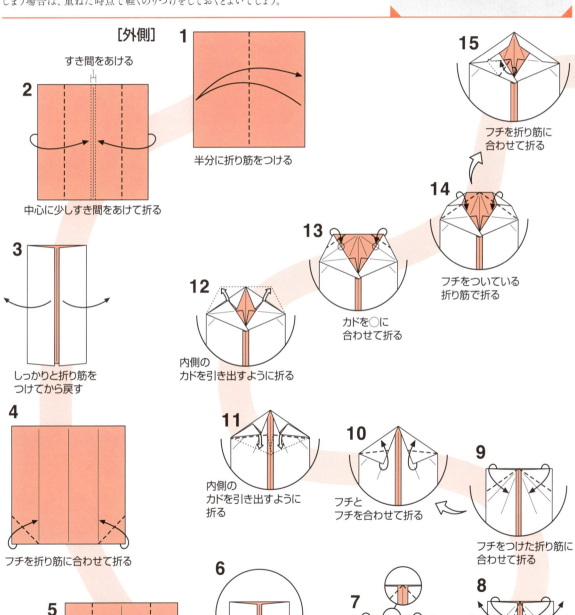

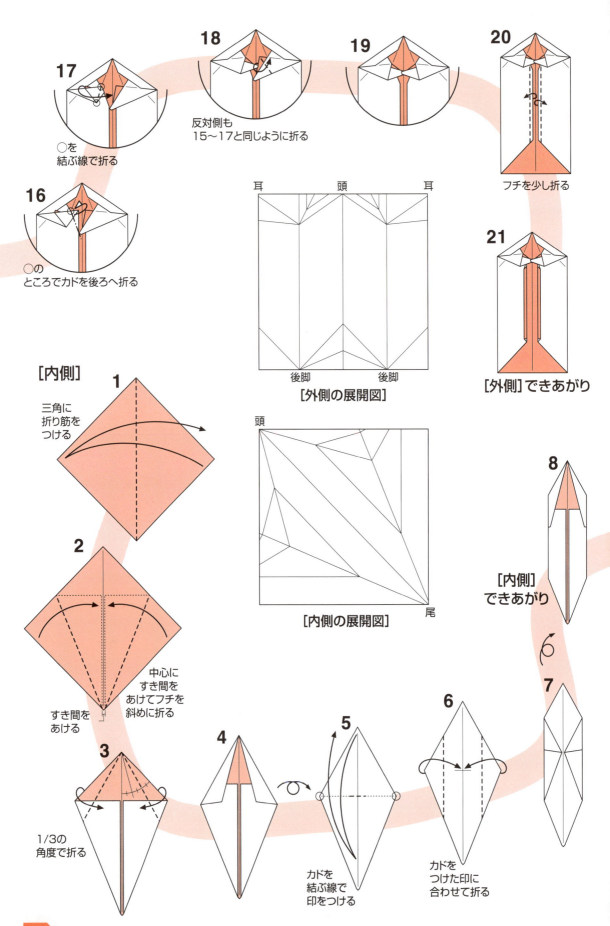

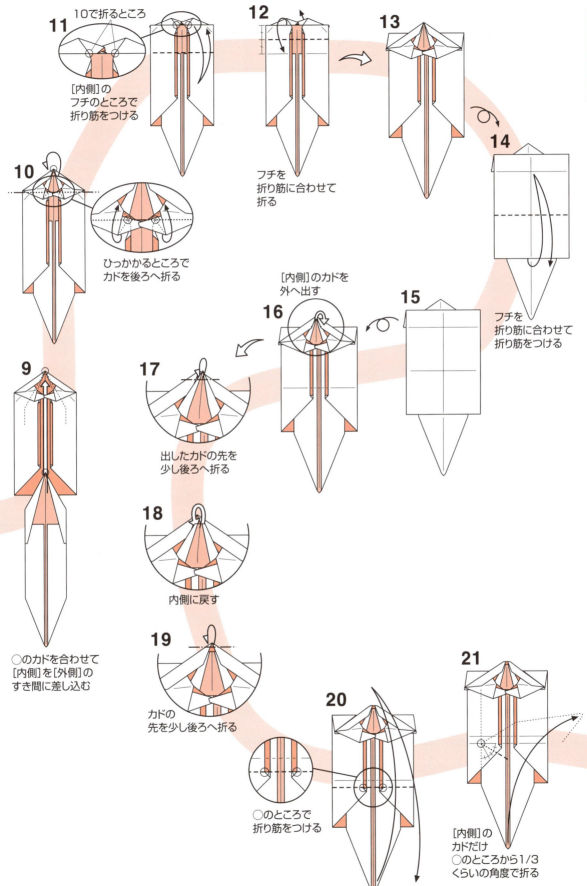

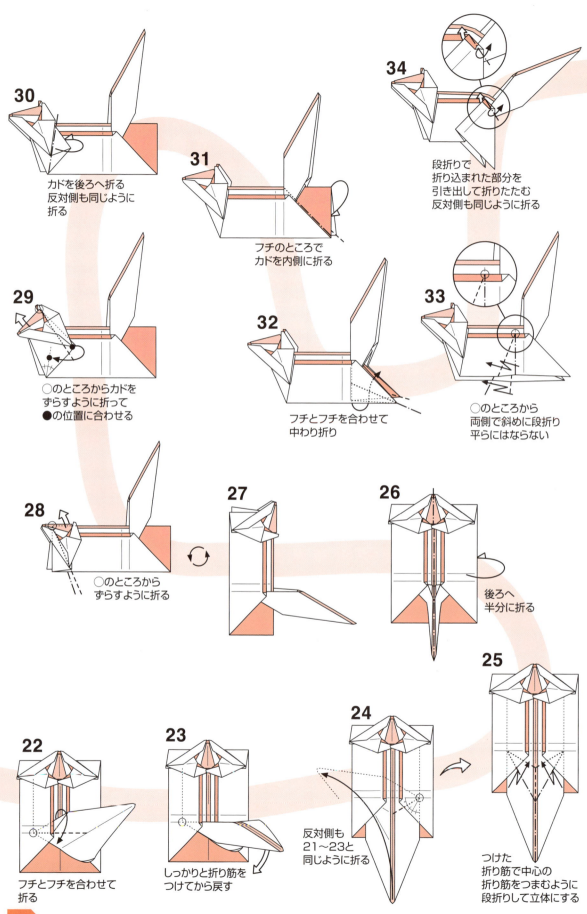

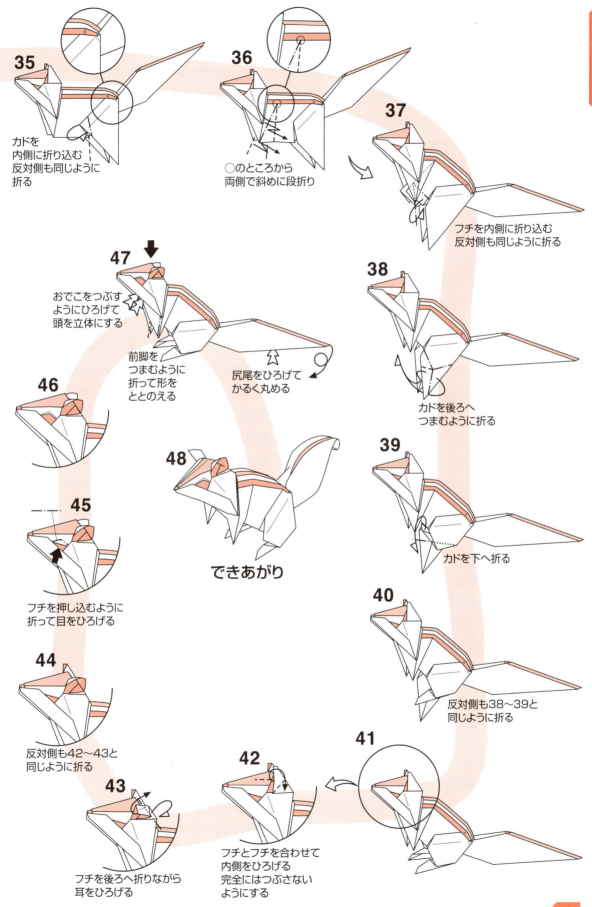

アライグマ

Raccoon by Quentin Trollip

創作：クエンティン・トロリップ

35cm 折り紙用紙／1枚／不切正方一枚折り

動物
難易度 ★★★★☆

背中が閉じている作品の上部に耳のカドを出すことは、折り紙作家にとって大きな課題です。図53～68の工程はこの問題を解決するのに有効な手段の1つです。この作品は、食べ物を欲しがり2本足で立つ可愛らしいアライグマを、動物園で見たのがきっかけで創作しました。ウェットシェイピングをすると、しっかりした仕上がりになります。

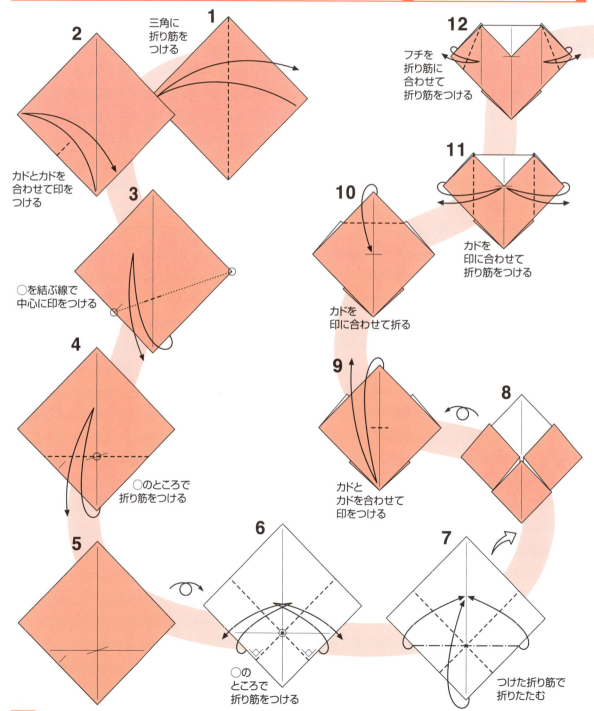

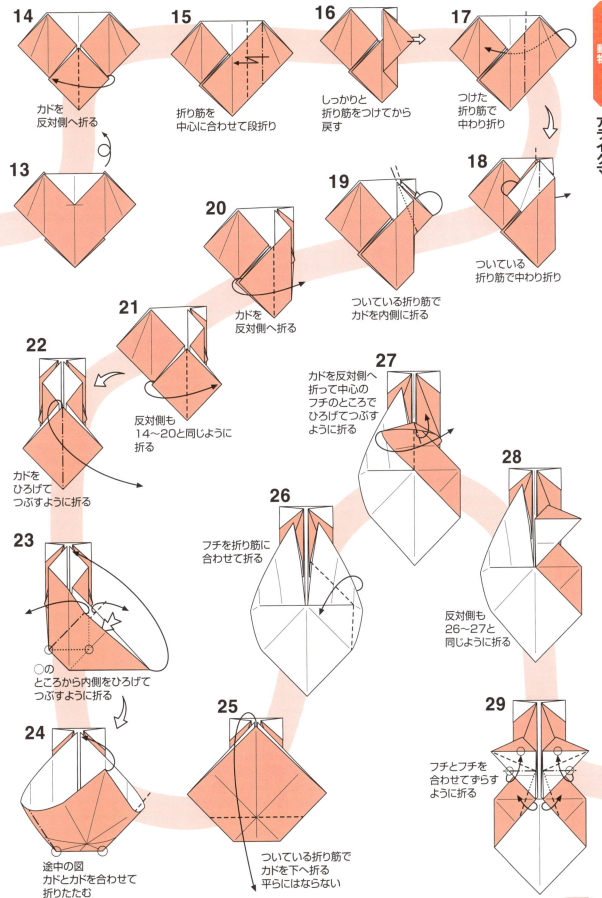

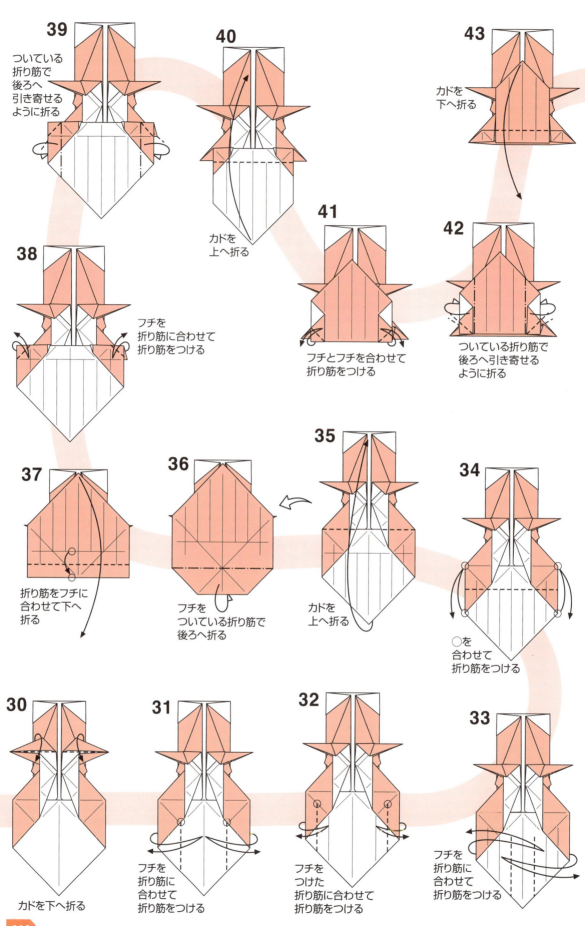

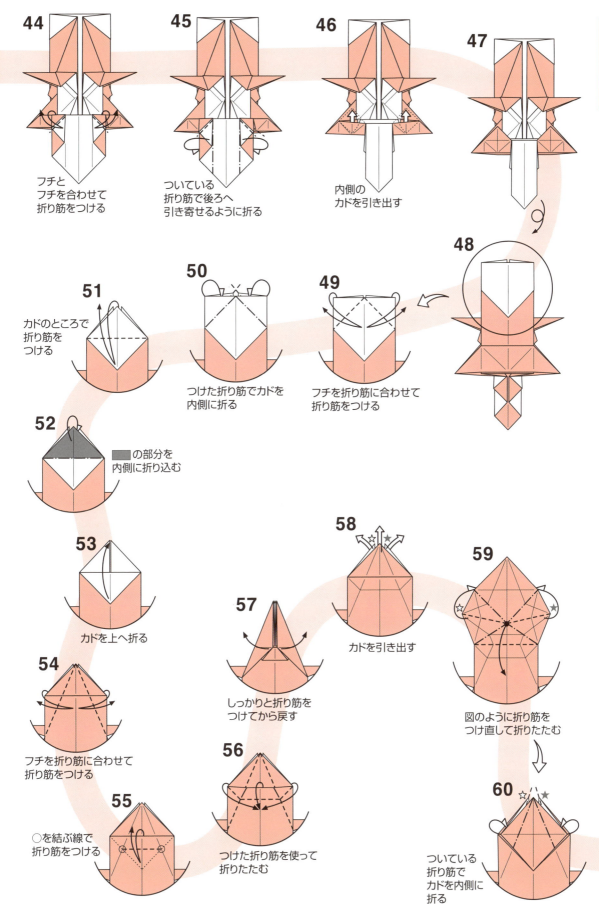

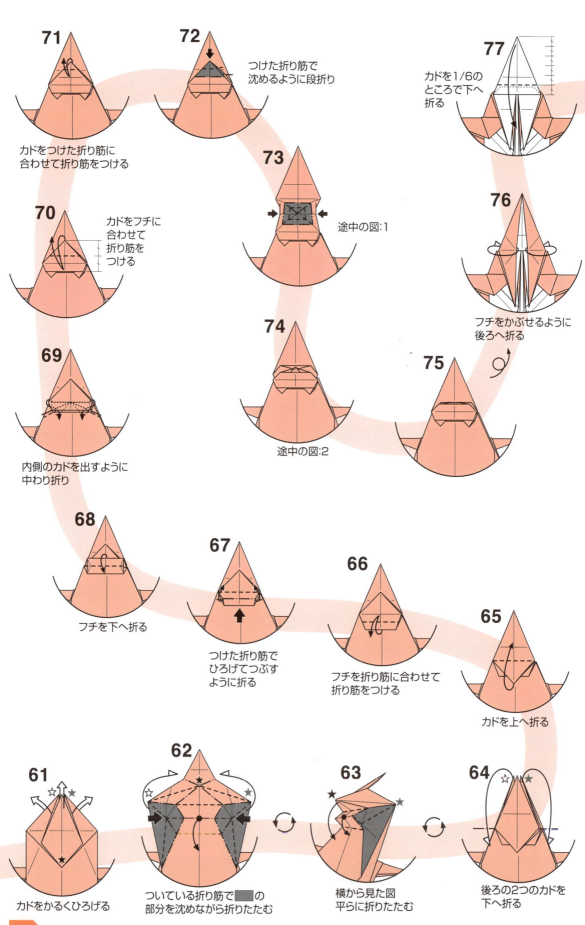

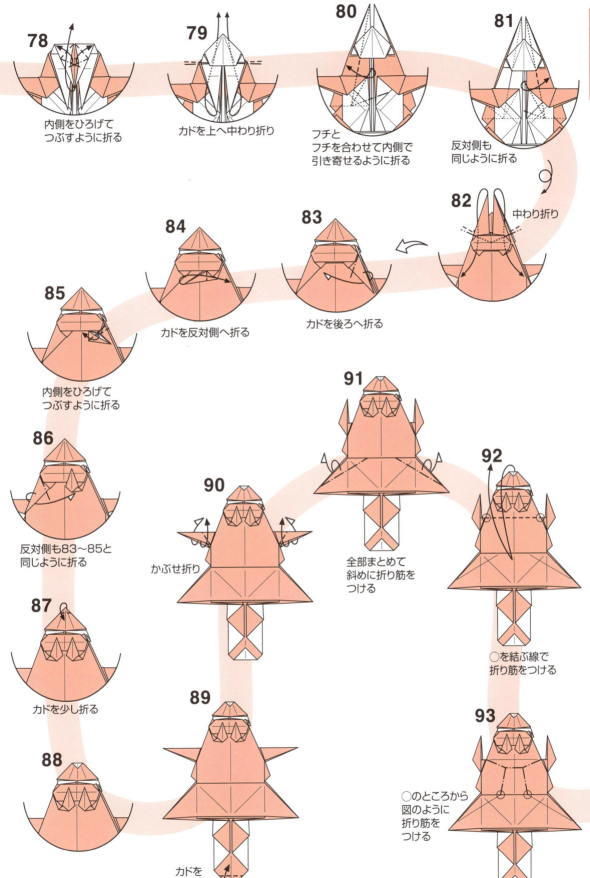

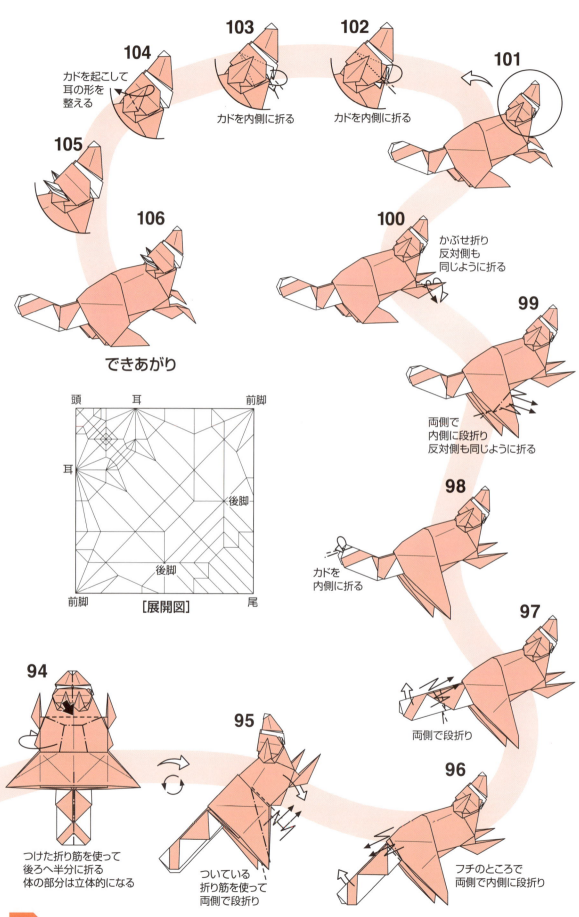

アラカルト	# スイホウガン
難易度 ★★★★☆	**Bubble Eye Goldfish** by Ronald Koh 創作：ロナルド・コウ 25cm 折り紙用紙／1枚／不切正方一枚折り

金魚の一種であるスイホウガンは、その名の通り目の下に水泡を持っています。スイホウガンは不器用な泳ぎ方にも関わらず独特の優雅さを持っており、その観賞には特別な魅力があります。またその特徴である欠けた背びれと目の下の水泡は、作品を作る上で私が避けて通ることができなかった挑戦を象徴しています。

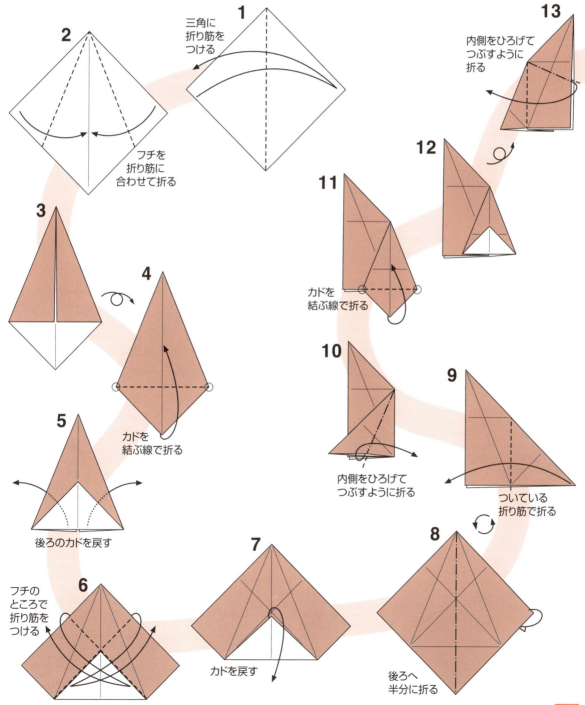

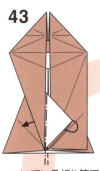

43

ついている折り筋で
中わり折り

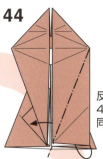

44

反対側も
41〜42と
同じように折る

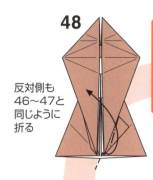

48

反対側も
46〜47と
同じように折る

アラカルト スイホウガン

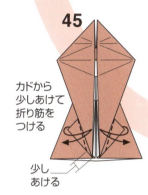

42

ついている折り筋で
中わり折り

45

カドから
少しあけて
折り筋を
つける

少し
あける

46

つけた折り筋を使って
カドをつまむように折る

47

平らに
折りたたむ

このカドは
合うように
折る

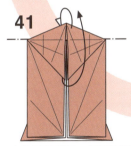

41

上のカドを後ろへ折りながら
カドを上へ折る

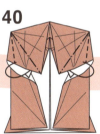

40

途中の図

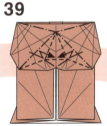

39

ひろげた部分が
内側に入るように
折り筋をつけ直して
折りたたむ

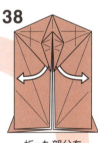

38

折った部分を
かるくひろげる

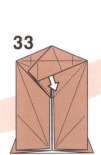

33

内側のカドを
引き出す

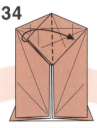

34

カドを反対側へ折る

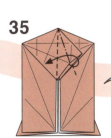

35

内側をひろげて
つぶすように折る

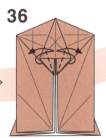

36

フチを中心に合わせて
折り筋をつける

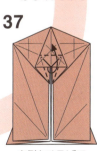

37

内側をひろげて
つぶすように折る

123

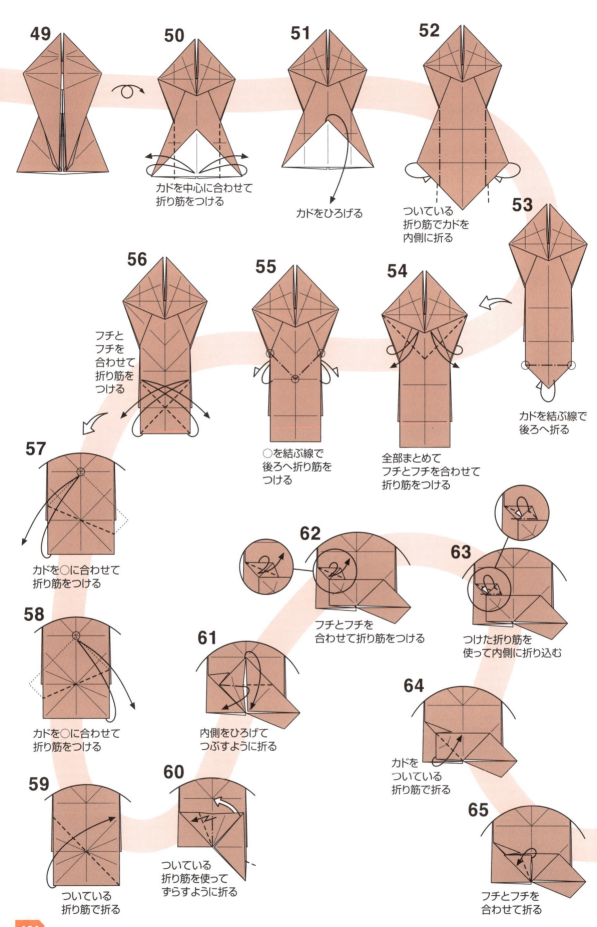

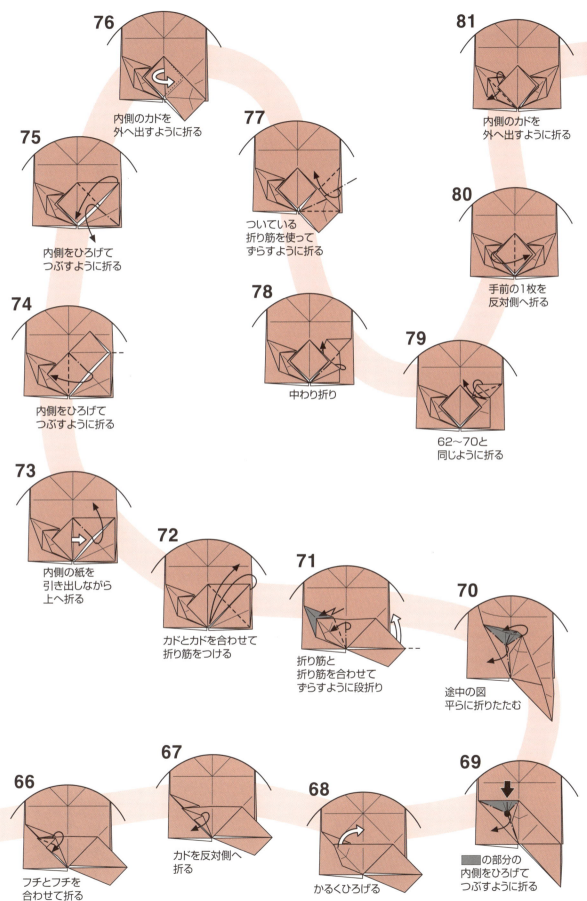

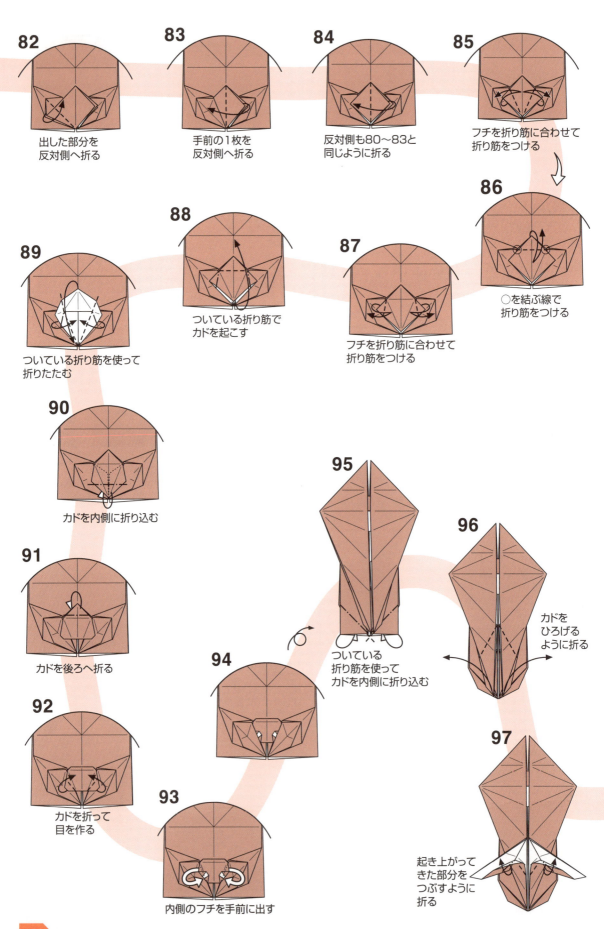

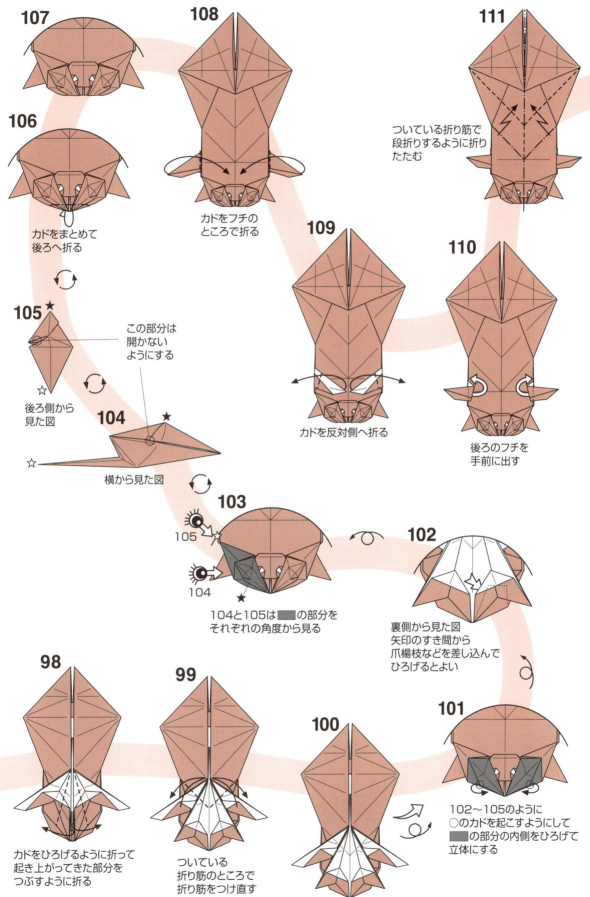

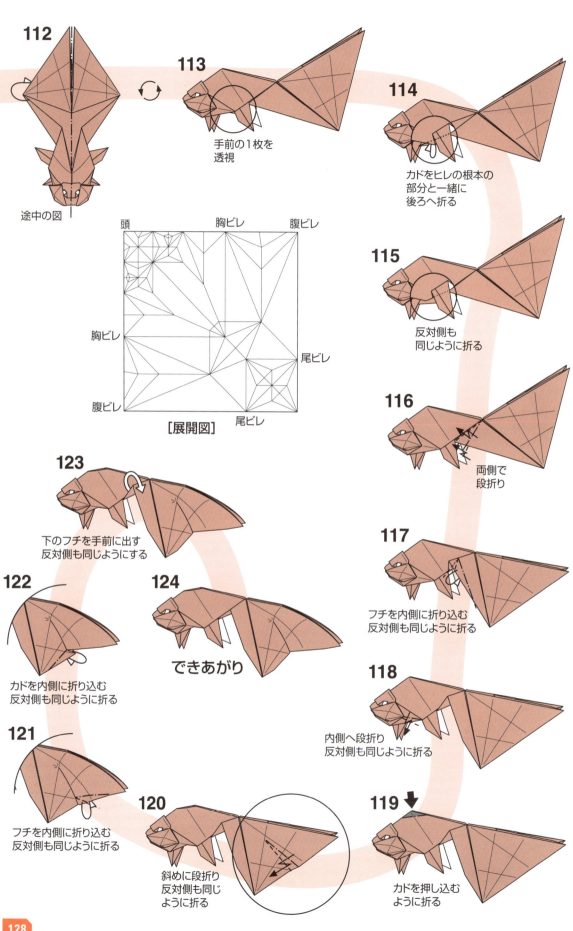

第 4 章
昆虫
INSECTS

難易度 ★☆ ☆☆☆	チョウ P.130
難易度 ★★ ★★☆	カミキリムシ P.133
難易度 ★★ ★★★	ヘラクレスオオカブト P.143
アラカルト	アーミーナイフ P.157 難易度 ★★★★☆

昆虫

チョウ

Butterfly by Makoto Yamaguchi

創作：山口 真

25cm 折り紙用紙／1枚／不切正方一枚折り

難易度 ★☆☆☆☆

できるだけ単純な構造から、できるだけリアルなシルエットのチョウを折ろうと考えた作品です。最初は、難易度を下げるために1:2の長方形を2枚使って折る作品でしたが、今回はそれを1枚で作り直してみました。羽の角度や形を変えることで、いろいろな種類のチョウを表現することができると思いますので、挑戦してみてください。

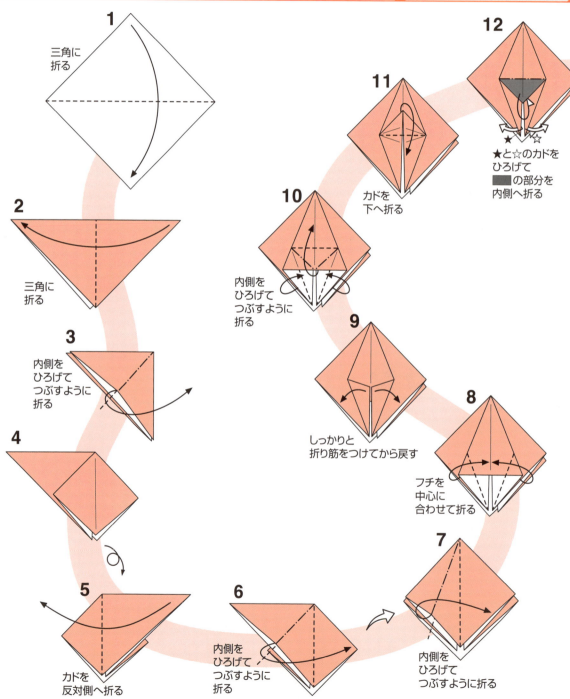

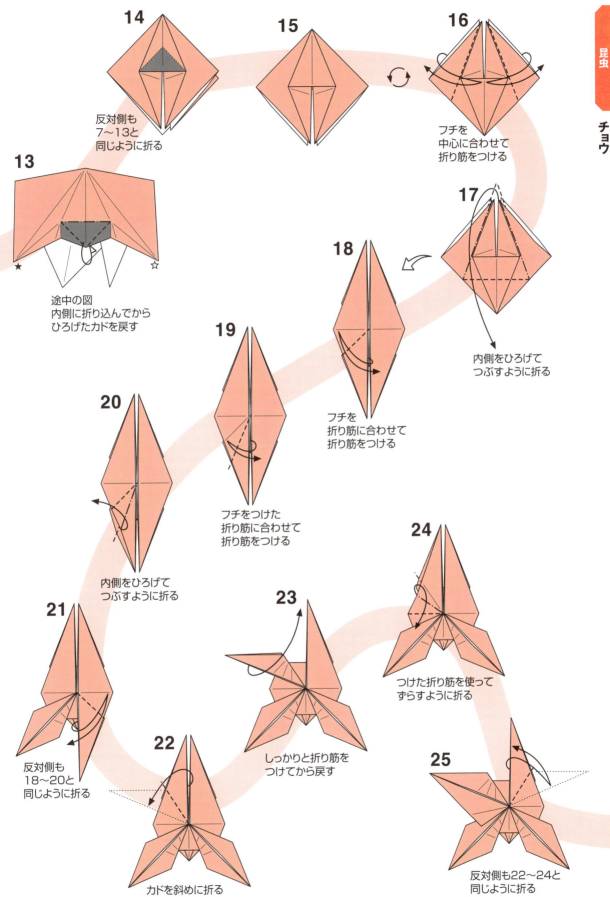

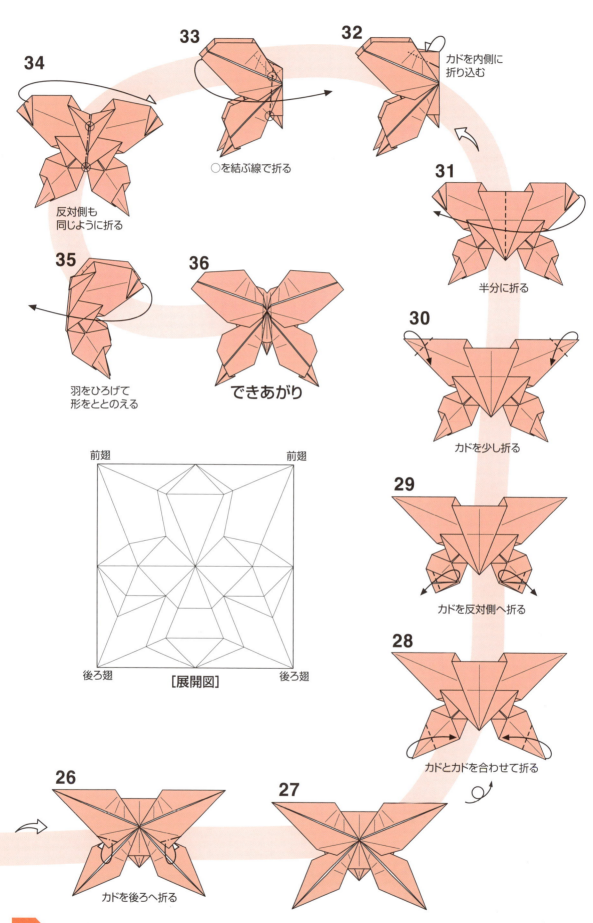

昆虫 カミキリムシ

Longhorn Beetle by Seiji Nishikawa
創作：西川誠司
35cm 折り紙用紙／1枚／不切正方一枚折り

難易度 ★★★★☆

折り紙による造形の技術面の理解は、この30年あまりの間に急速に進みました。本作は1994年に『折紙探偵団新聞』に折り図を発表し、当時としては不切正方一枚折りの可能性を示した作品の1つでした。細かい下準備のあと、図103から一気に触覚と大あごが形成される工程は、創作時もちょっとした興奮を覚え、今もあまり色あせていない気がします。

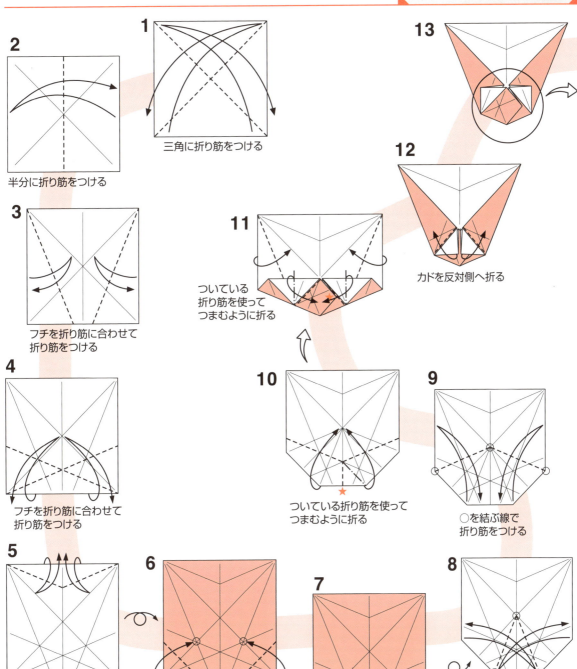

133

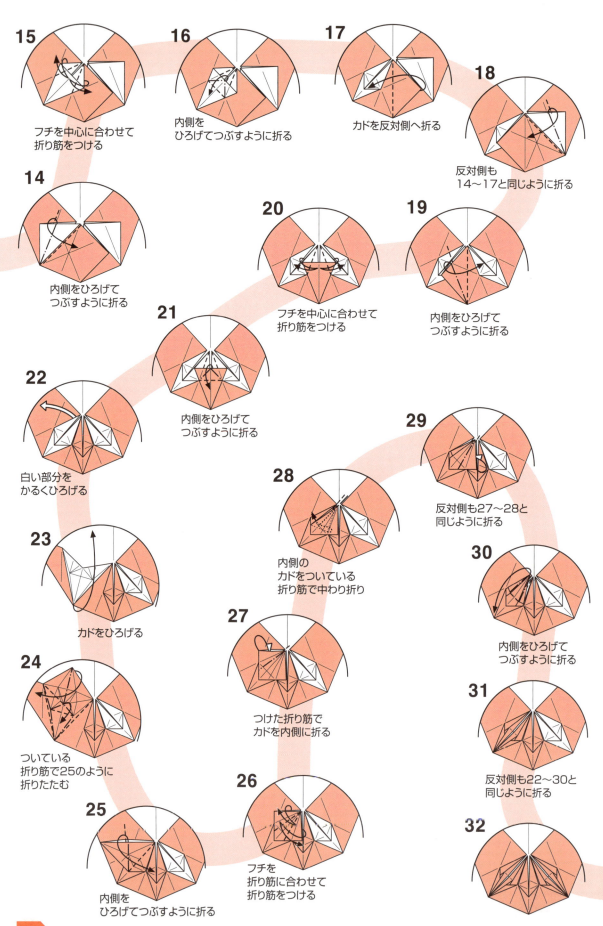

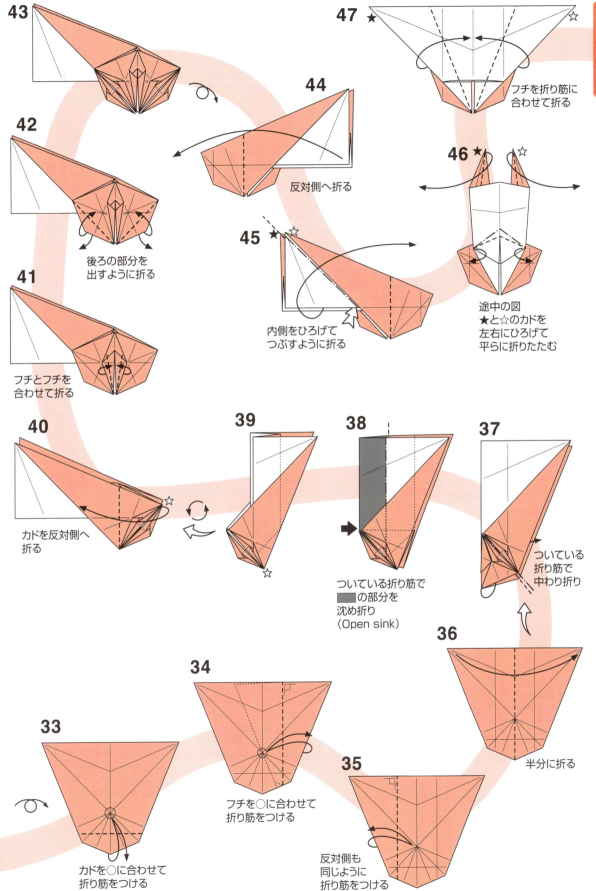

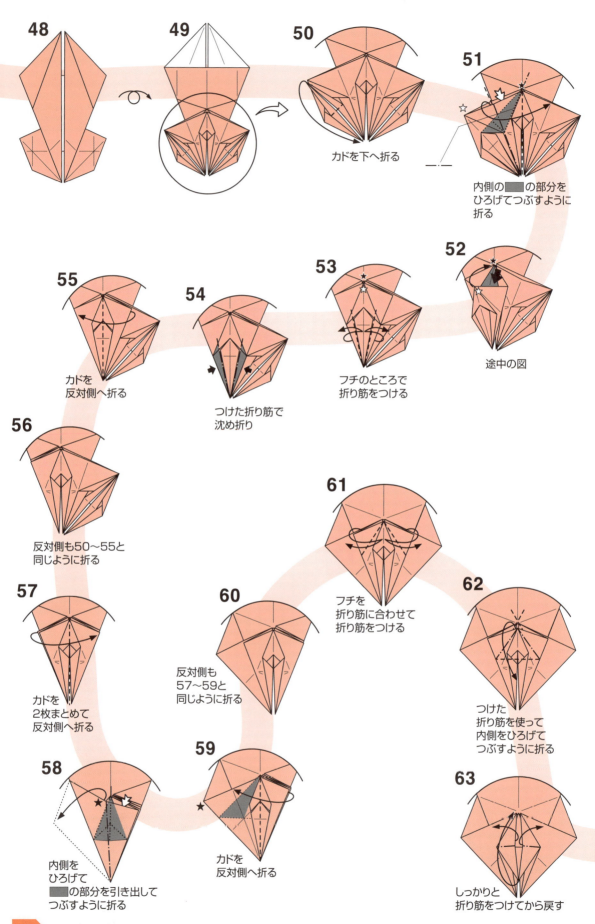

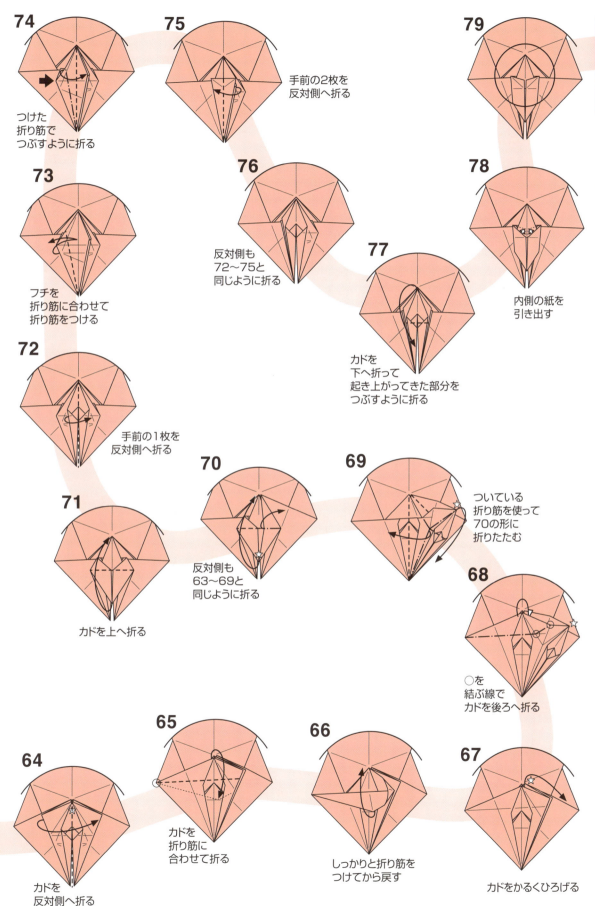

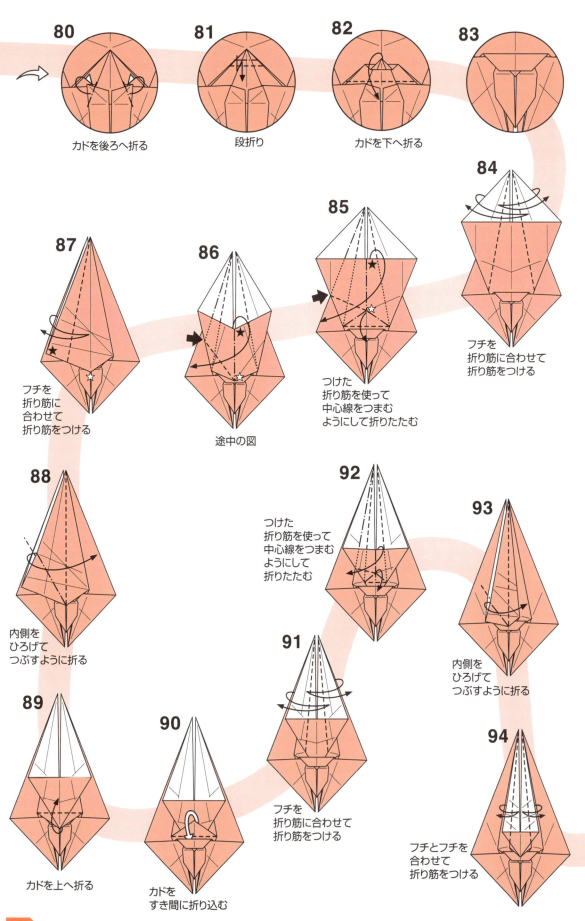

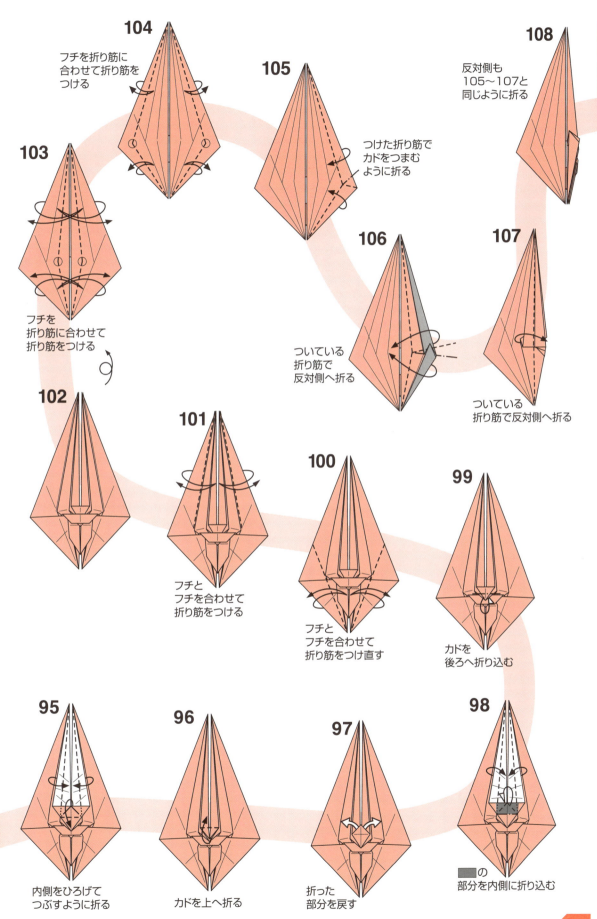

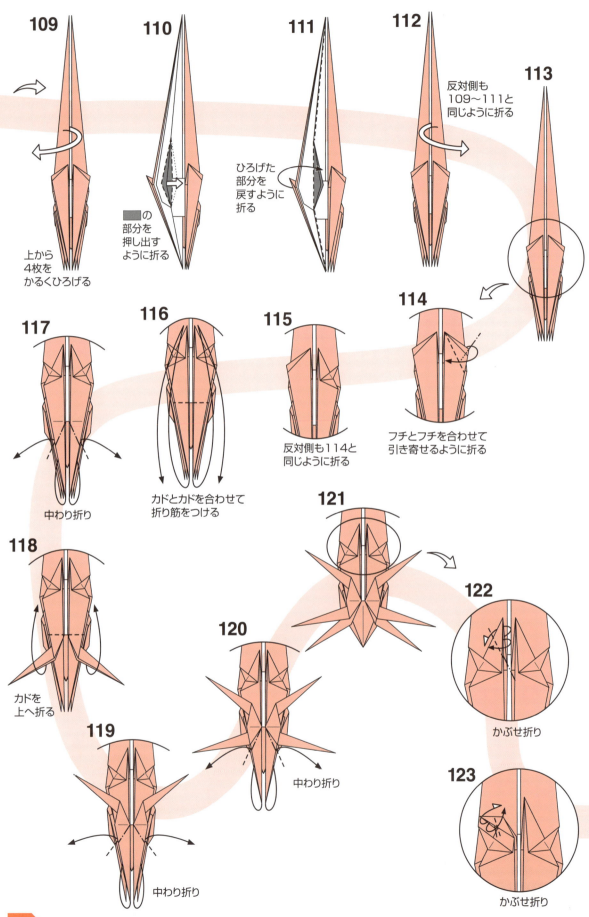

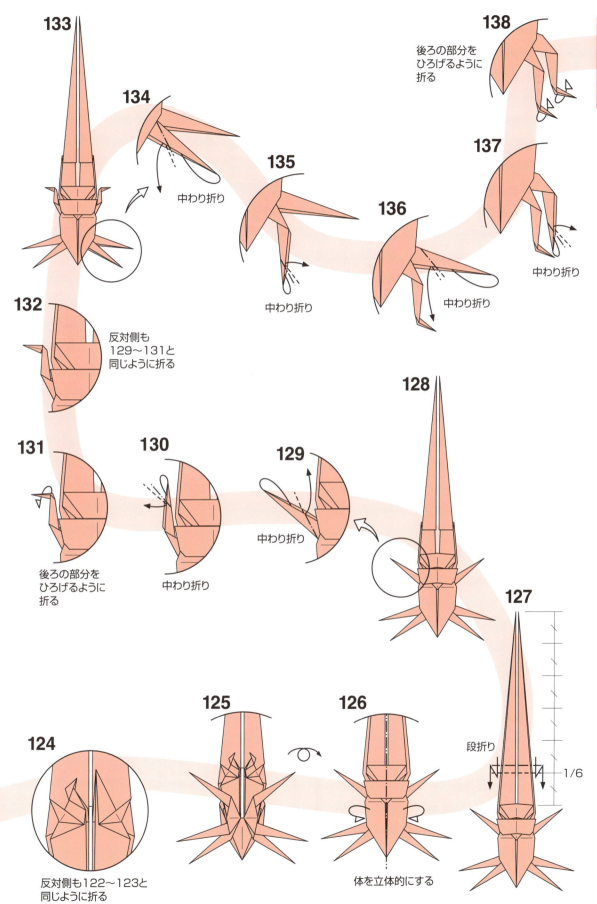

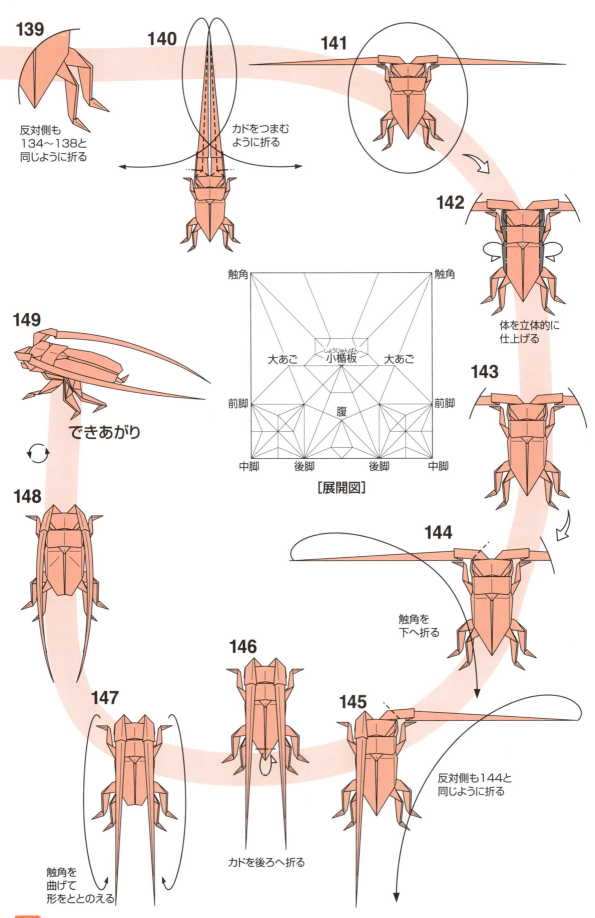

昆虫

ヘラクレスオオカブト

Hercules Beetle by Satoshi Kamiya

創作：神谷哲史

難易度 ★★★★★

35cm 折り紙用紙／1枚／不切正方一枚折り

横から見た時に厚みのある甲虫を目指して創作した作品群の1つです。非常に複雑な作品なので、用紙は薄手の丈夫な紙をお勧めします。また鞘翅の部分では紙の裏側を使って色を変えています。もし紙を貼り合わせて用紙を作る場合は、必要な部分のみ裏側から紙を貼るとよいでしょう。

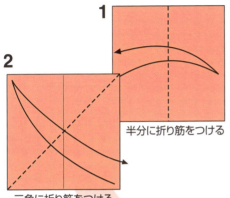

1. 半分に折り筋をつける
2. 三角に折り筋をつける
3. フチをつけた折り筋に合わせて折り筋をつける
4. ○を結ぶ線で折り筋をつける

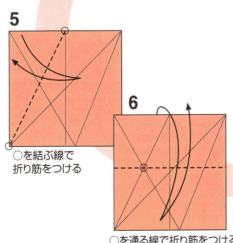

5. ○を結ぶ線で折り筋をつける
6. ○を通る線で折り筋をつける
7. 以降2〜5までの折り筋は表示しない

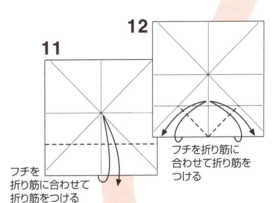

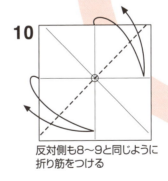

8. ○を通る線で折り筋と折り筋を合わせて折る
9. 折り筋をつけてから戻す
10. 反対側も8〜9と同じように折り筋をつける
11. フチを折り筋に合わせて折り筋をつける
12. フチを折り筋に合わせて折り筋をつける
13. 折り筋と折り筋を合わせて折り筋をつける

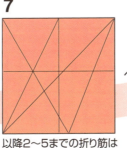
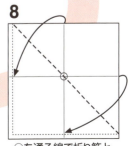

143

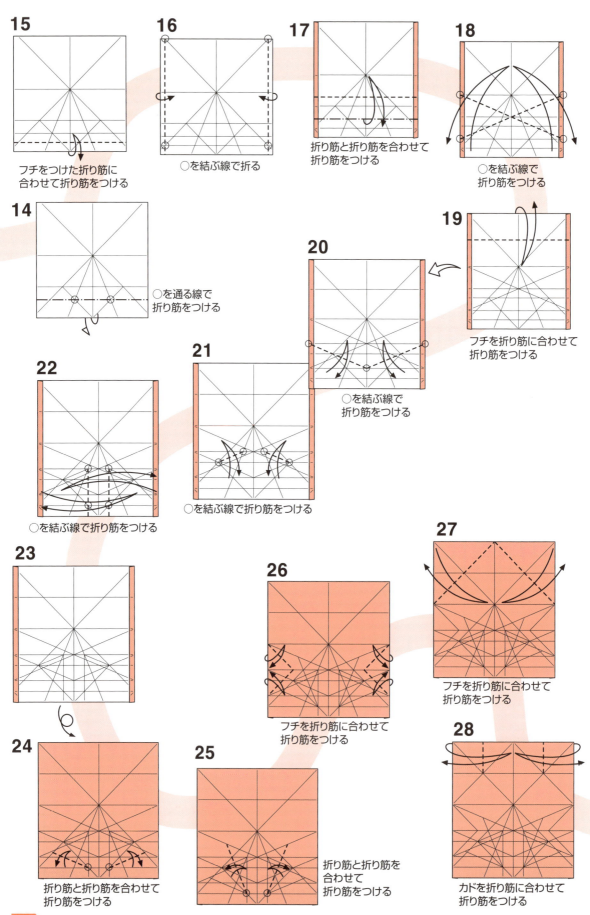

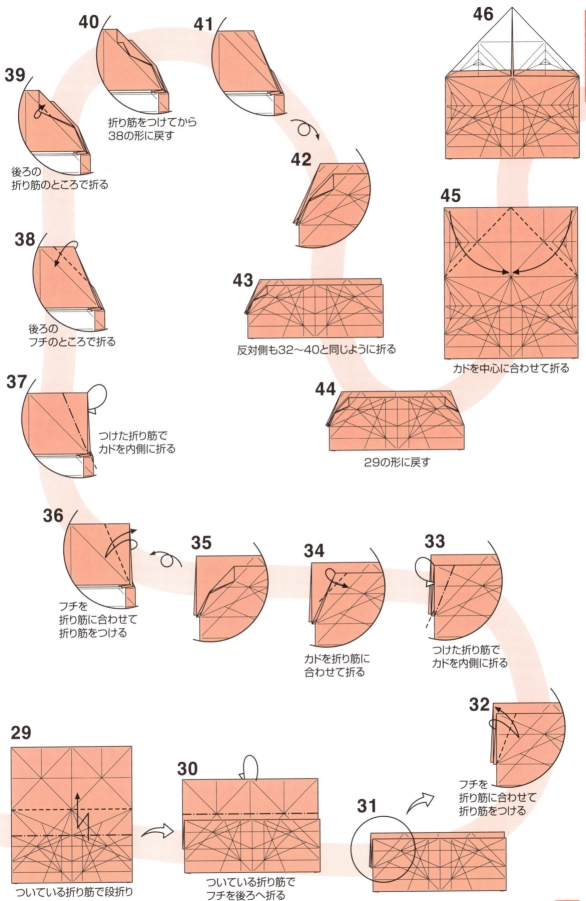

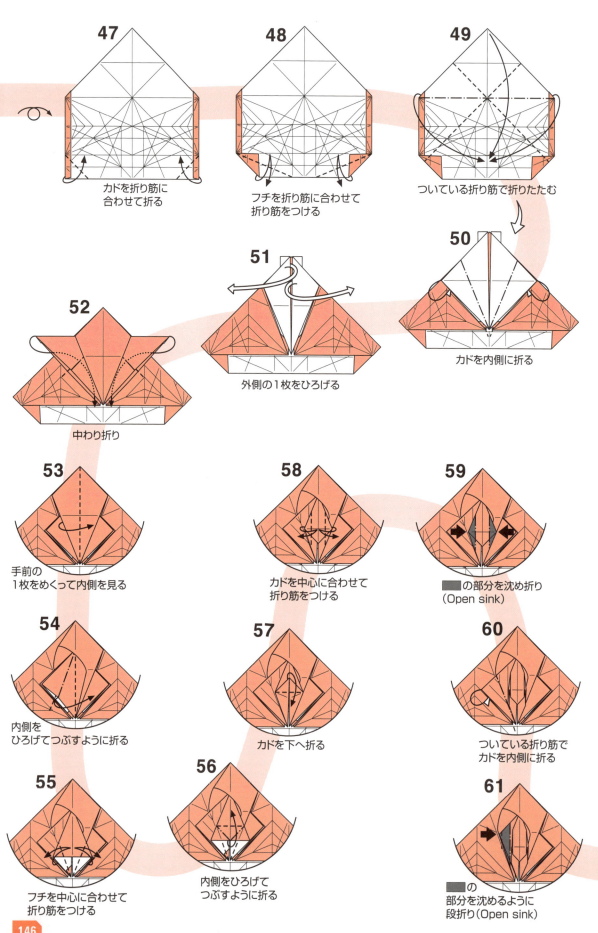

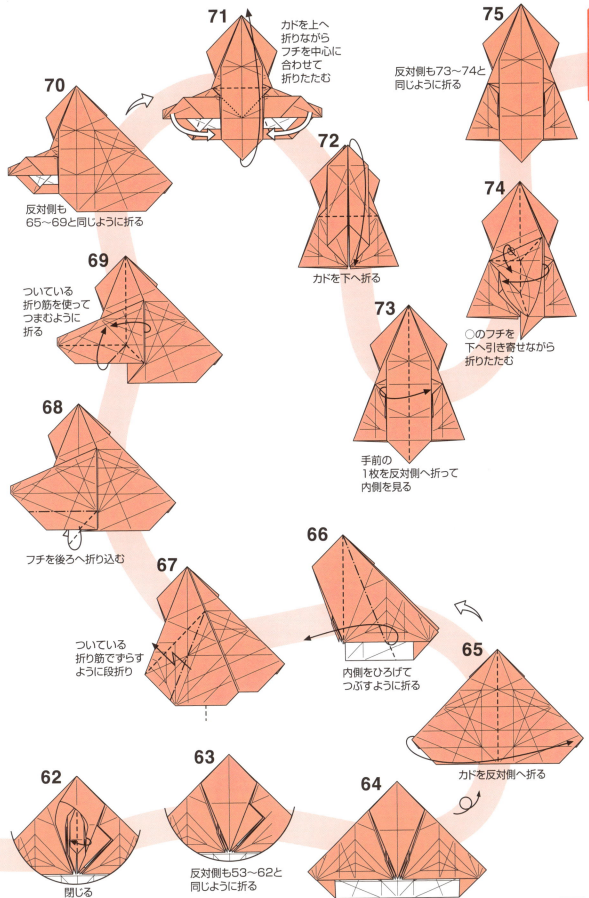

76
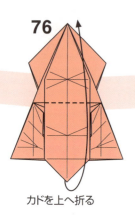
カドを上へ折る

77
手前の1枚を反対側へ折って
内側を見る

78
フチを引き出して
ずらすように段折り

79
閉じる

80

真ん中の部分を
ひろげてつぶすように
折る
平面にはならない

81
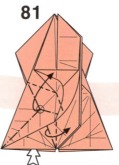
○のカドをつまむ
ようにしてついている
折り筋で折り進める

82

引っかかっているヒダを
ひろげる

83

つまむようにして
平らに折りたたむ

84
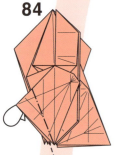
ついている折り筋で
カドを内側に折る

85

■の部分を沈め折り
(Open sink)

86

中心の
すき間を
ひろげる

87
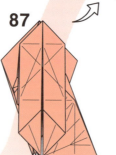
反対側も77〜86と
同じように折る

88
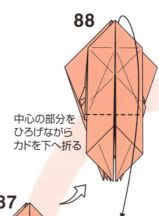
中心の部分を
ひろげながら
カドを下へ折る

89
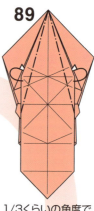
1/3くらいの角度で
カドを後ろへ折る

90
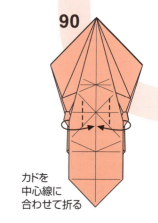
カドを
中心線に
合わせて折る

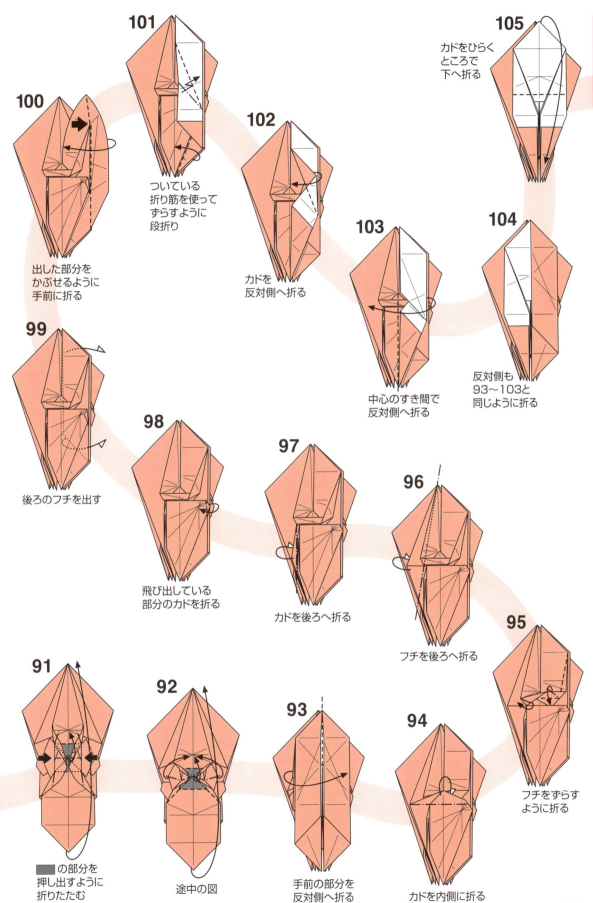

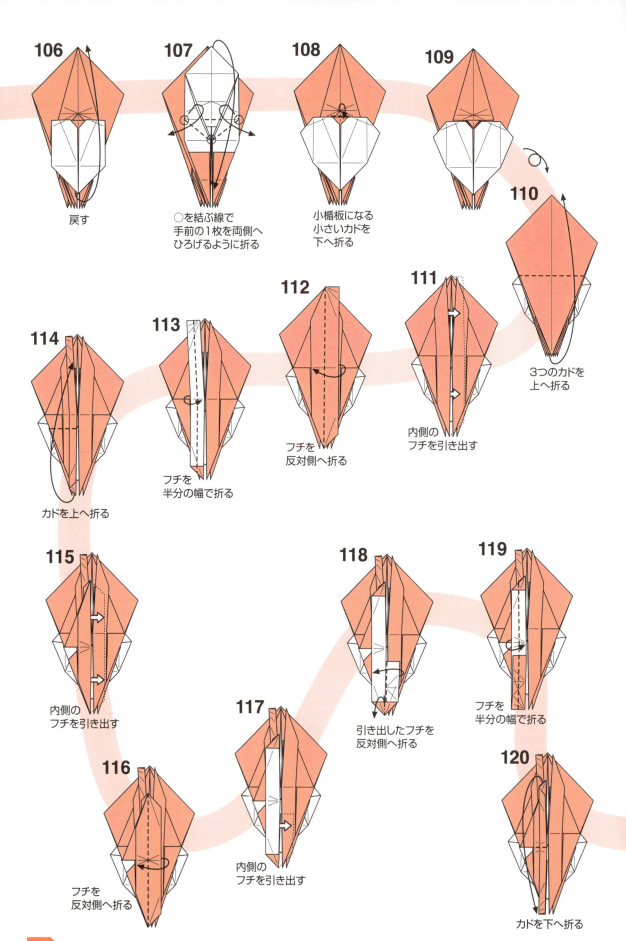

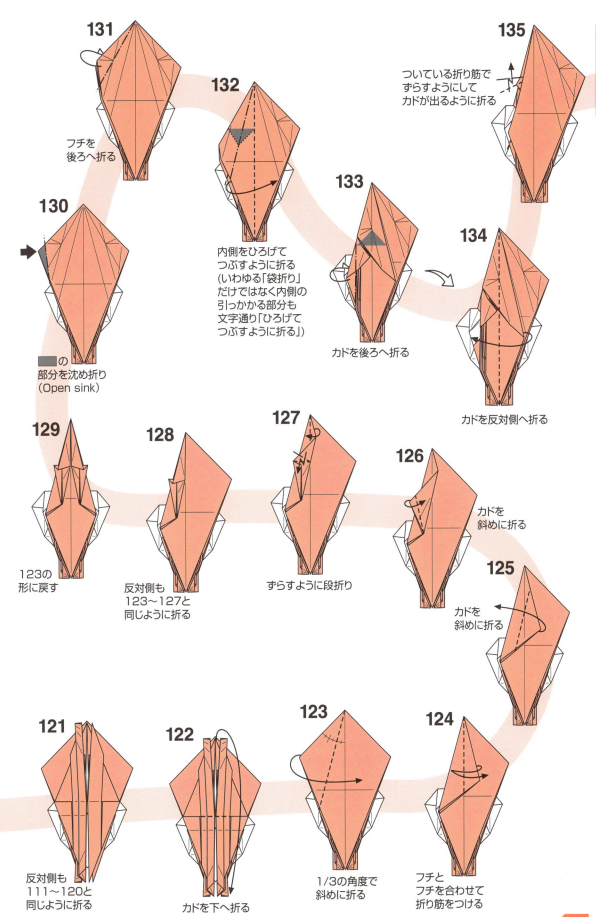

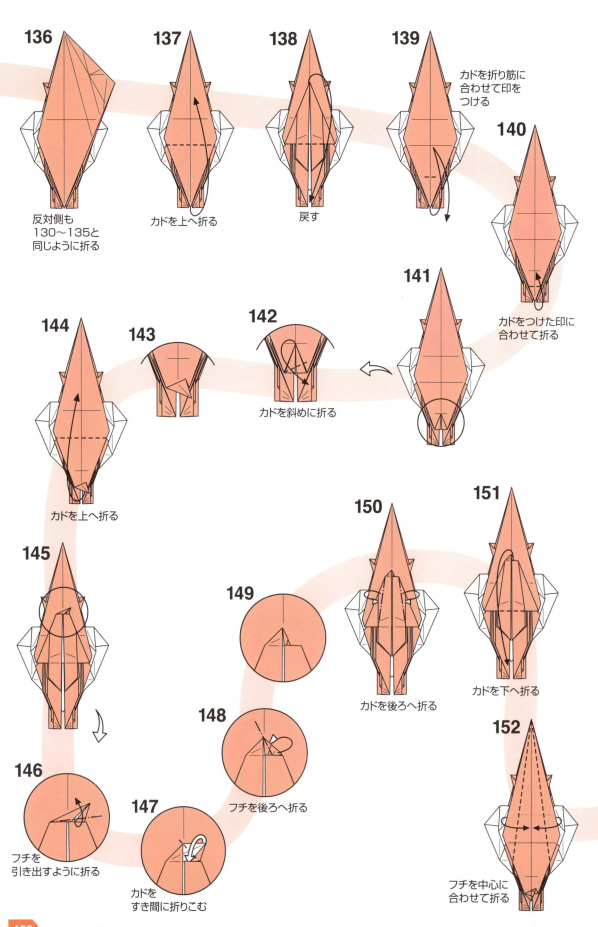

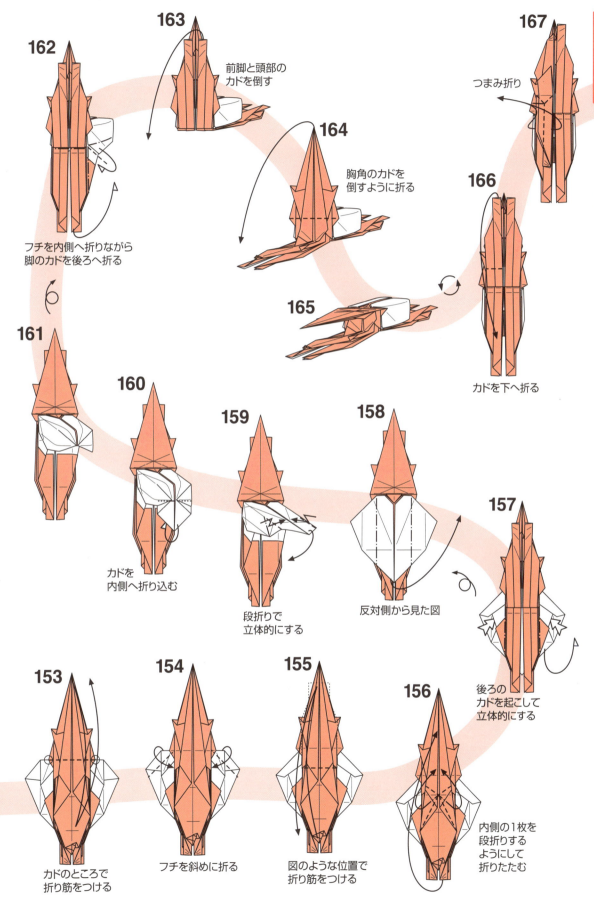

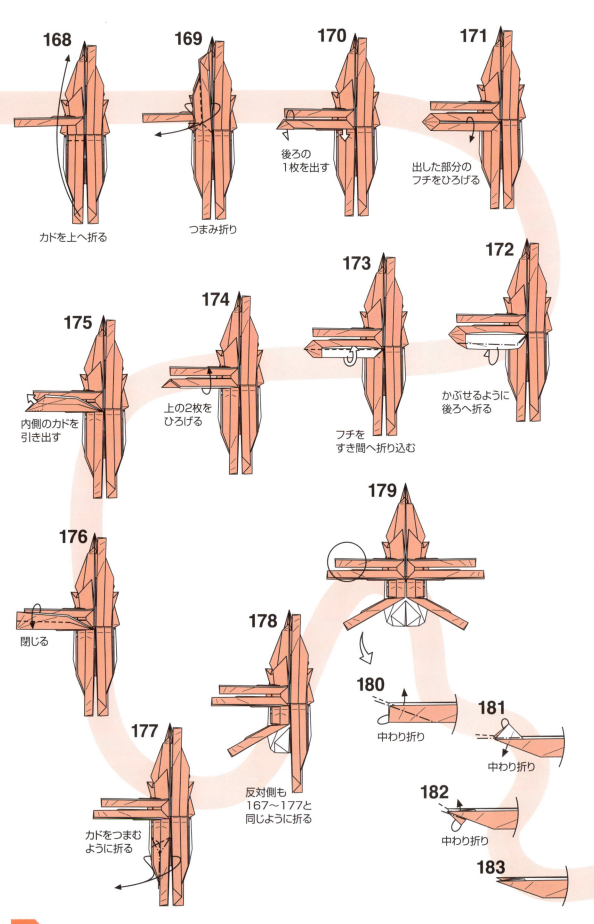

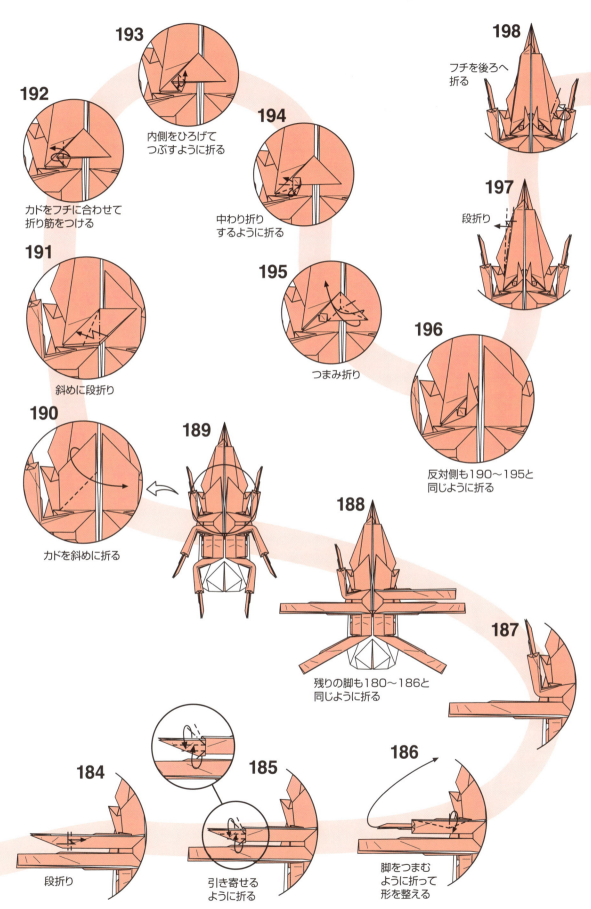

199 段折り

200 カドをフチのところで折る

201 つまみ折り

202 カドを後ろへつまむように折る

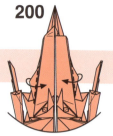

211 できあがり

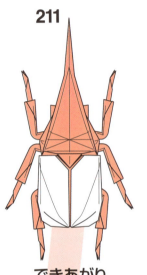

[展開図]

前脚　触角　頭角　触角　前脚
中脚　　　胸角　　　中脚
後脚　　　　　　　　後脚
　　　　　　腹

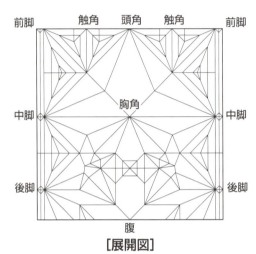

203

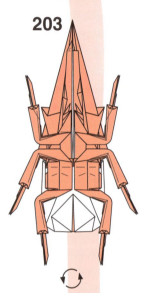

204 カドを内側へ折り込む

205 ツノを細くするように折る

206 触角のカドを段折り　反対側も同じように折る

210 カドをつまむようにして形を整える

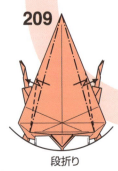

209 段折り

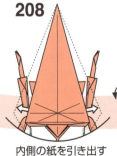

208 内側の紙を引き出す

207

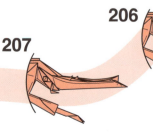

※頭部は胸角の部分に埋まるように調整するとよいでしょう。
※ツノの仕上げで亜種の特定・折り分けができます。
(ちなみに折り図の作例は、基本はヘラクレス・ヘラクレス、胸角の小さい突起の位置のみリッキーっぽい)
図鑑などを見て挑戦してください。

アラカルト

アーミーナイフ

Army Knife by Jun Maekawa

創作：前川　淳

25cm 折り紙用紙／1枚／不切正方一枚折り

難易度 ★★★★☆

1996年に『季刊をる』9号の「ワザありモチーフ傑作選」という企画で考案しました。設計や仕上げにも増して、小松英夫氏に図を描いてもらう際、分かりやすい工程をどうするかで一番悩んだ記憶があります。モデルは、20代半ば、長野・静岡県境の山中で紛失した、当時愛用していたスイスアーミーナイフです。

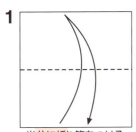

1 半分に折り筋をつける

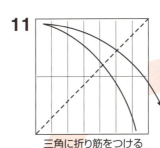

11 三角に折り筋をつける

12 それぞれ○のところで折り筋をつける

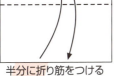

2 つけた折り筋に合わせて印をつける

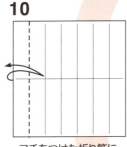

10 フチをつけた折り筋に合わせて折り筋をつける

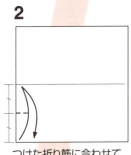

3 つけた折り筋に合わせて印をつける

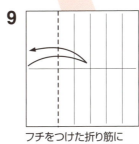

9 フチをつけた折り筋に合わせて折り筋をつける

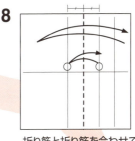

8 折り筋と折り筋を合わせて半分の幅で折り筋をつける

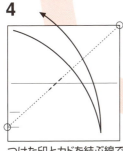

4 つけた印とカドを結ぶ線で印をつける

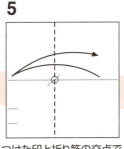

5 つけた印と折り筋の交点で折り筋をつける

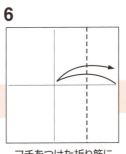

6 フチをつけた折り筋に合わせて折り筋をつける

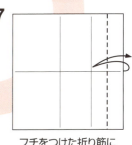

7 フチをつけた折り筋に合わせて折り筋をつける

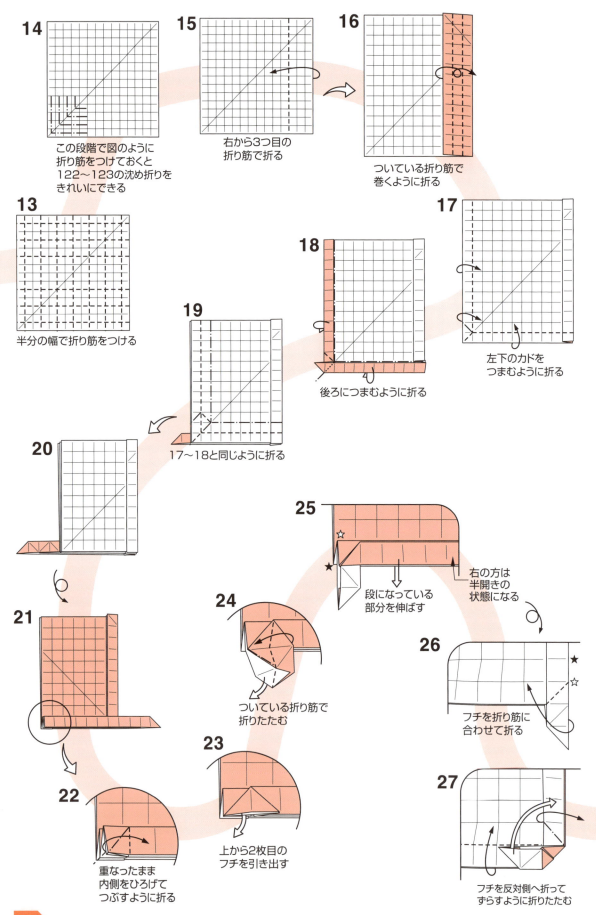

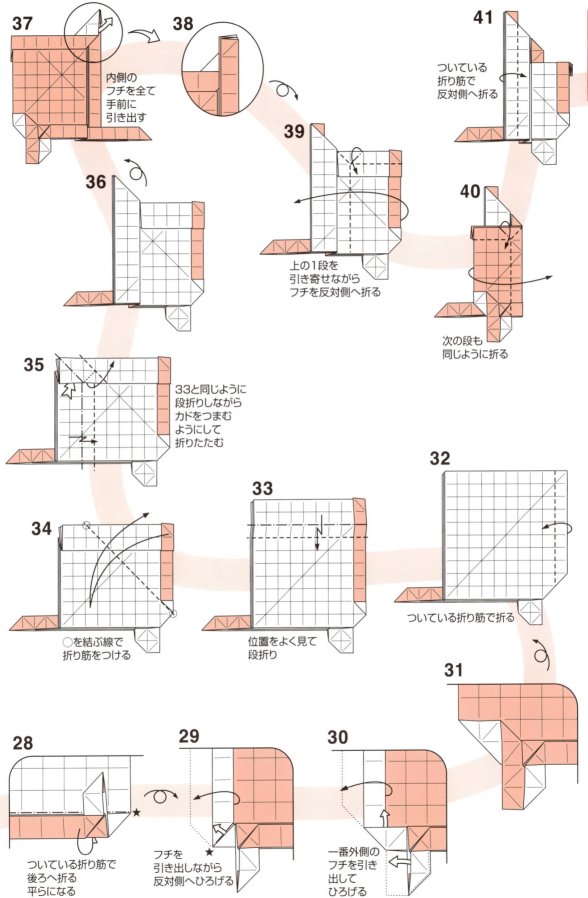

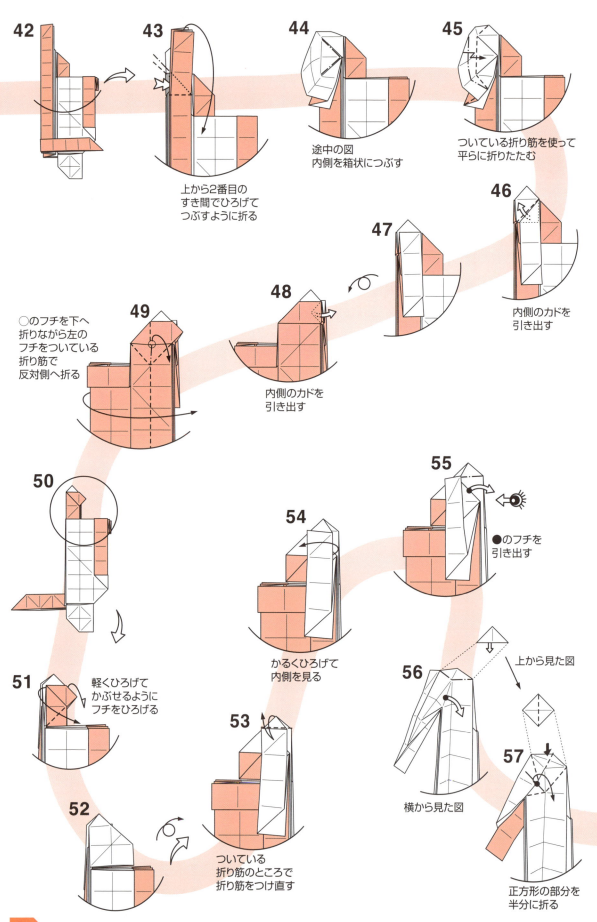

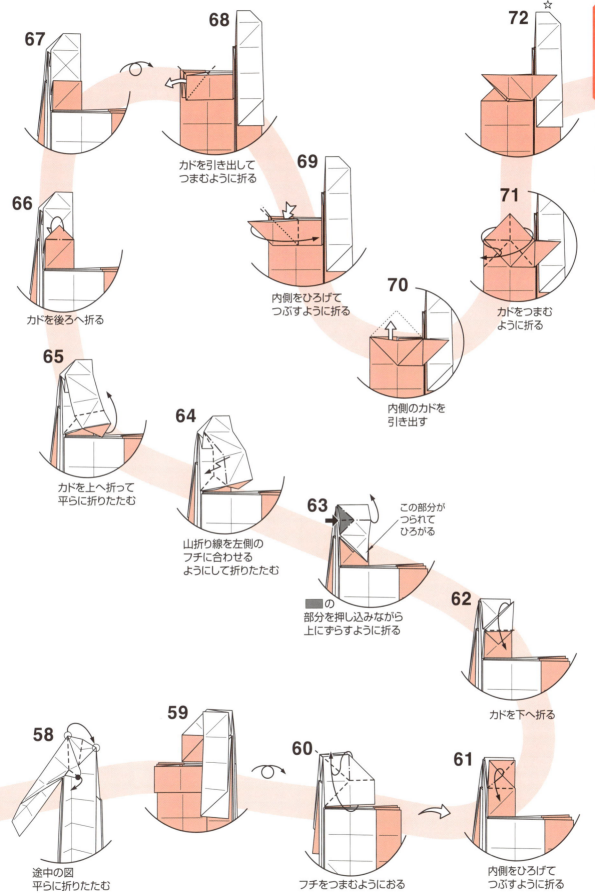

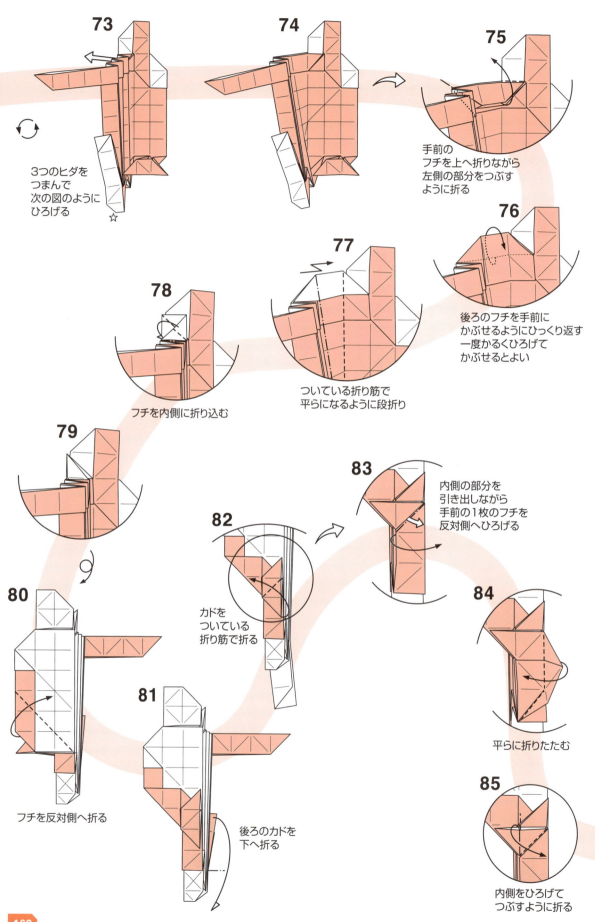

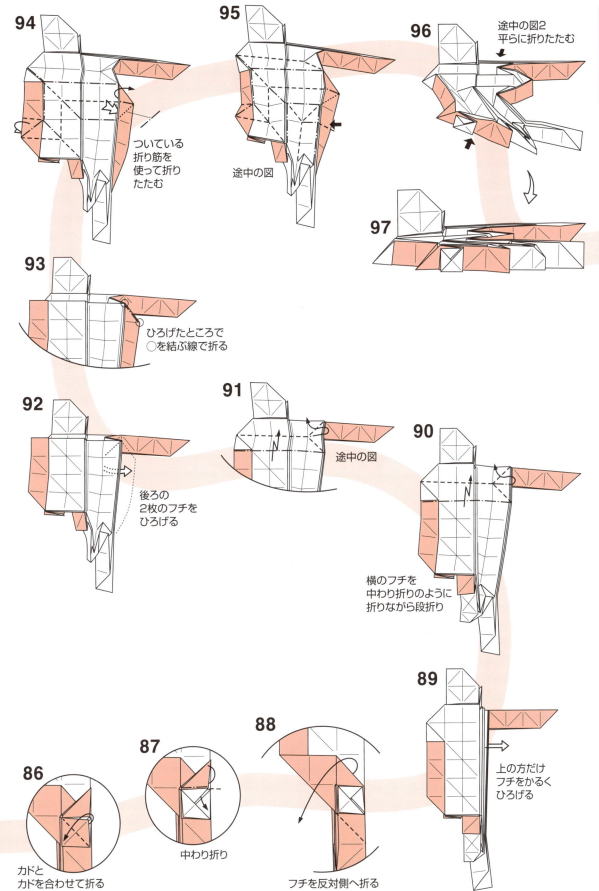

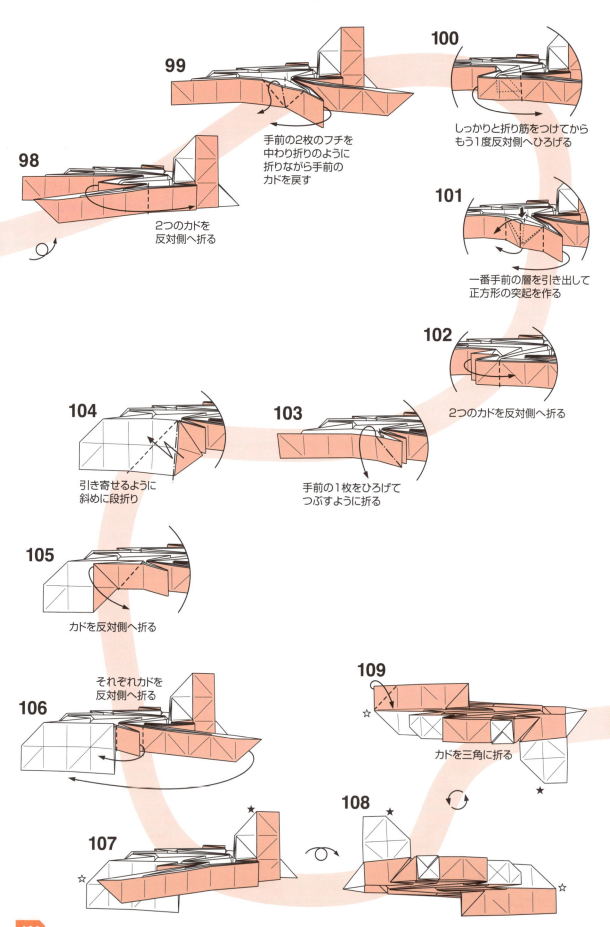

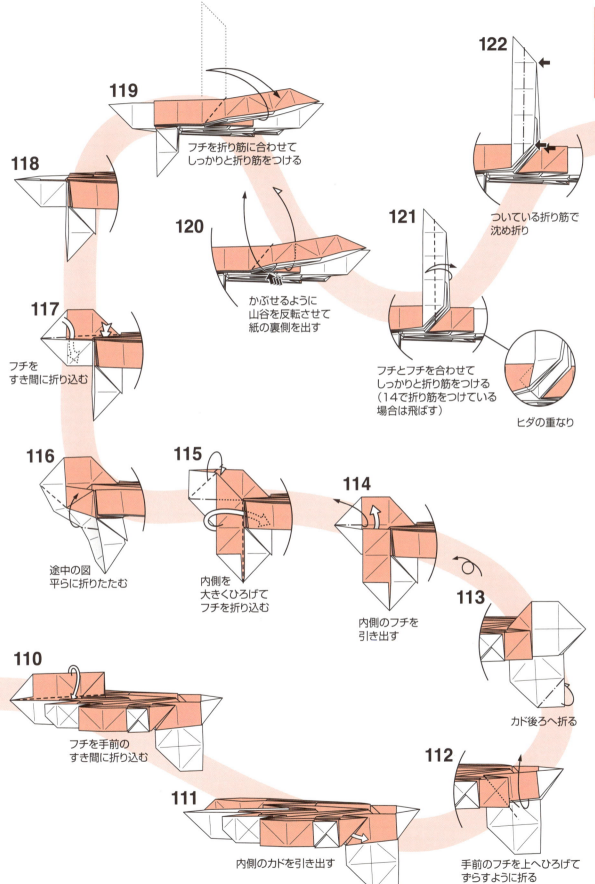

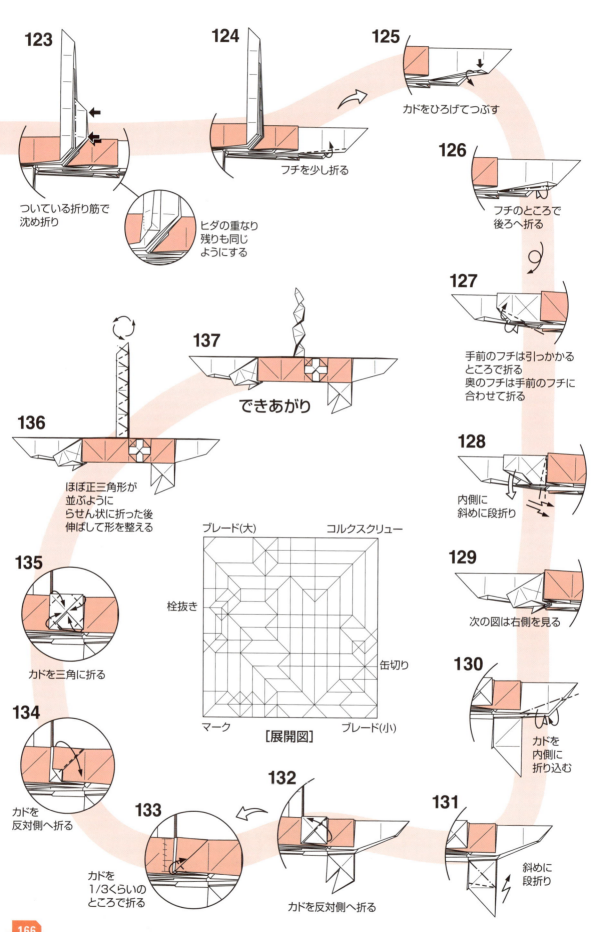

第 5 章

空想生物

FANTASY CREATURES

| 難易度 ★★★☆ | 怪獣ツルラ P.168 | ブラックドラゴン P.172 |

| 難易度 ★★★☆ | ゴジラ（2016） P.182 |

| 難易度 ★★★★ | キングギドラ P.191 | ペガサス P.204 |

| アラカルト | アノマロカリス P.214 難易度 ★★★★★ |

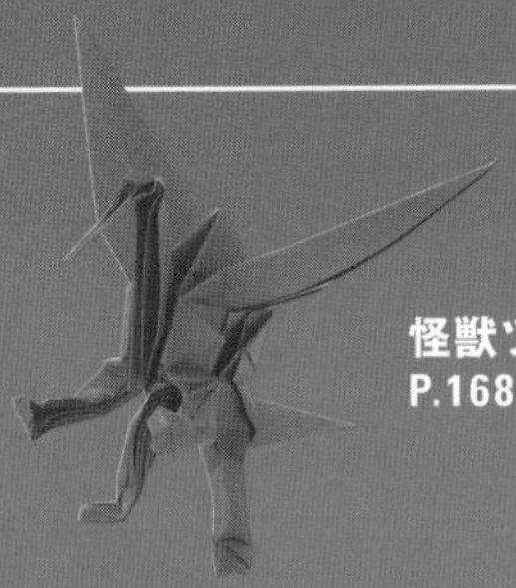

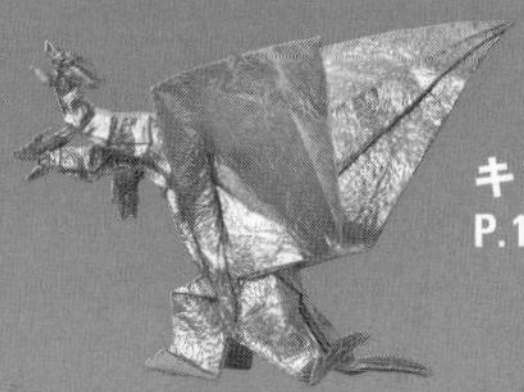

空想生物 怪獣ツルラ

Crane-Kaiju Tsurura by Shinji Sasade

創作：笹出晋司

25cm 折り紙用紙／1枚／不切正方一枚折り

難易度 ★★★☆☆

この作品に限らず、「ツルてんま」へのアレンジ例のように、完成形はちょっとした仕上げの違いで、思いもよらぬ姿を見せてくれることがあります。正確に折り図をトレースしながら過程を追っていくのも楽しい作業ですが、慣れてきたところで大胆なアレンジを加えてみることも、ぜひお勧めします。

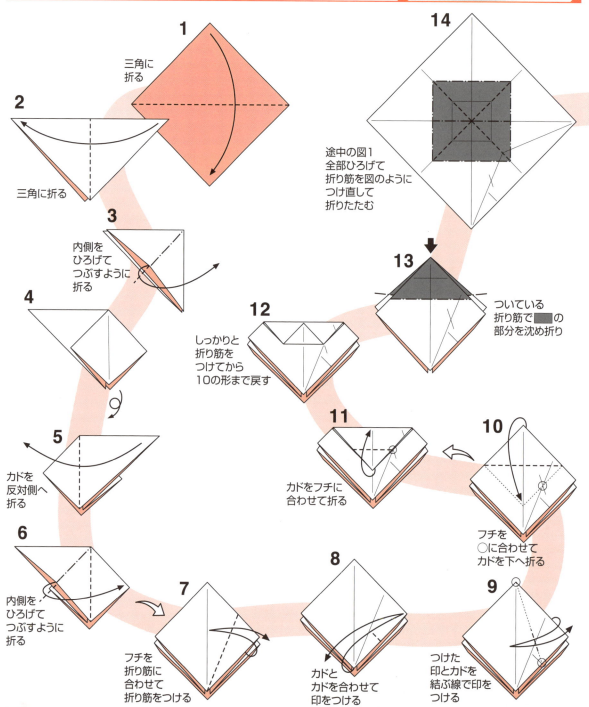

168

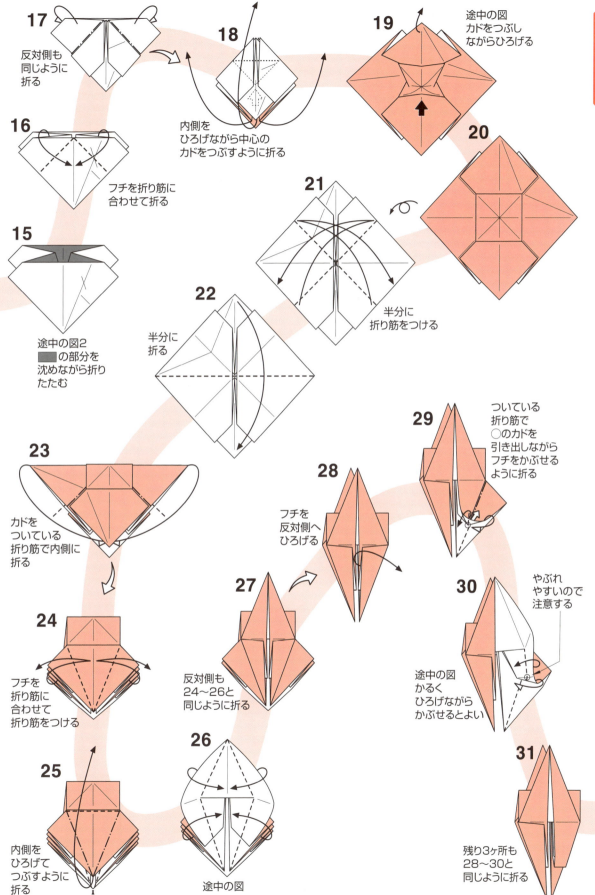

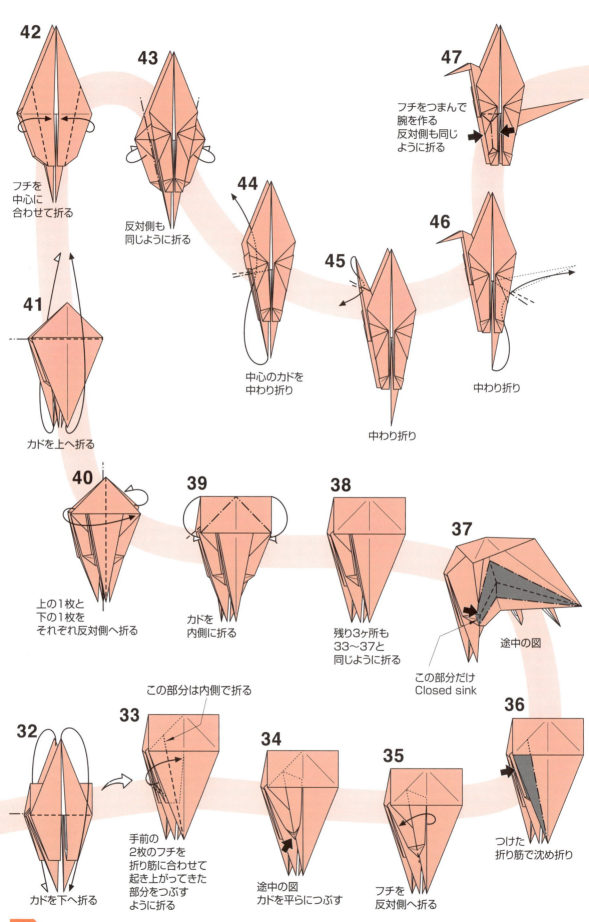

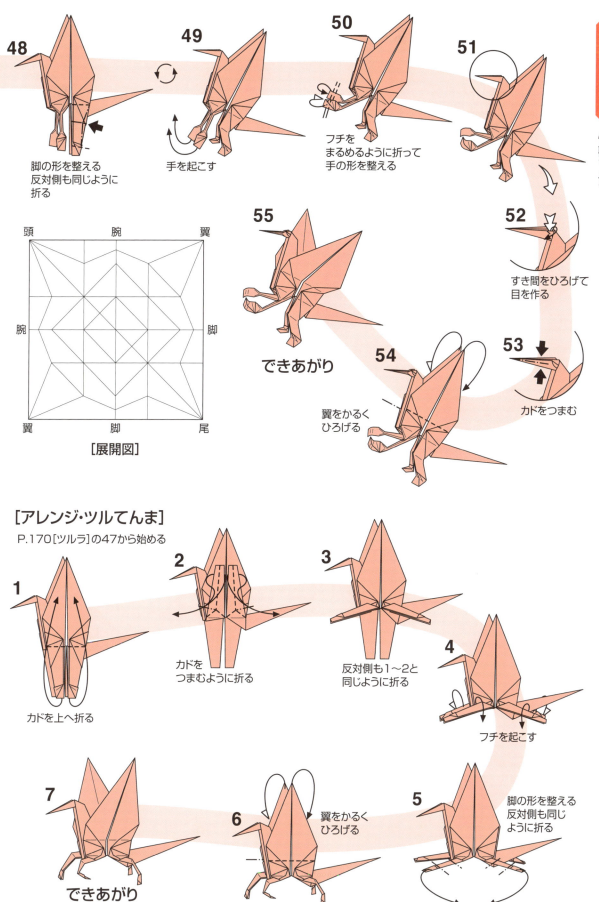

空想生物 ブラックドラゴン

Black Dragon by Yoshihisa Kimura

創作：木村良寿

25cm 折り紙用紙／3枚／複合

難易度 ★★★☆☆

創作日1992年5月21日。昔のアニメ映画に出た、魔女が変身したドラゴンをイメージして作りました。ところが、最近見直したら体型や細部が全く違っていてあまり似ていませんでした。昔の復元図に描かれていたブラキオサウルスのようなスタイルになるように仕上げてください。

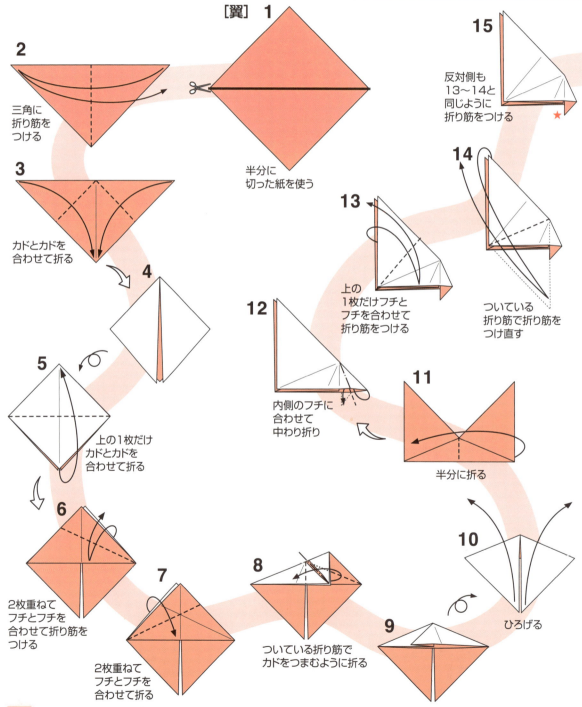

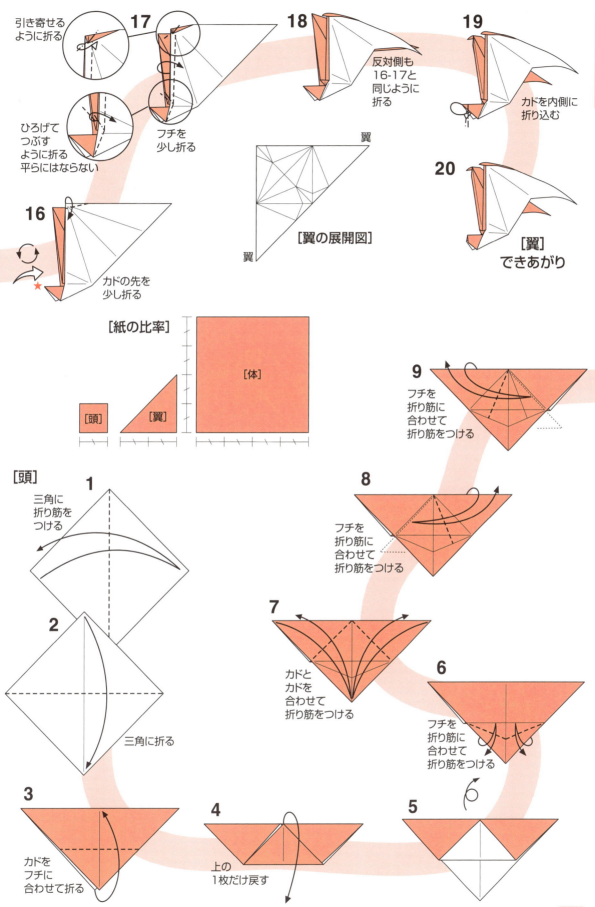

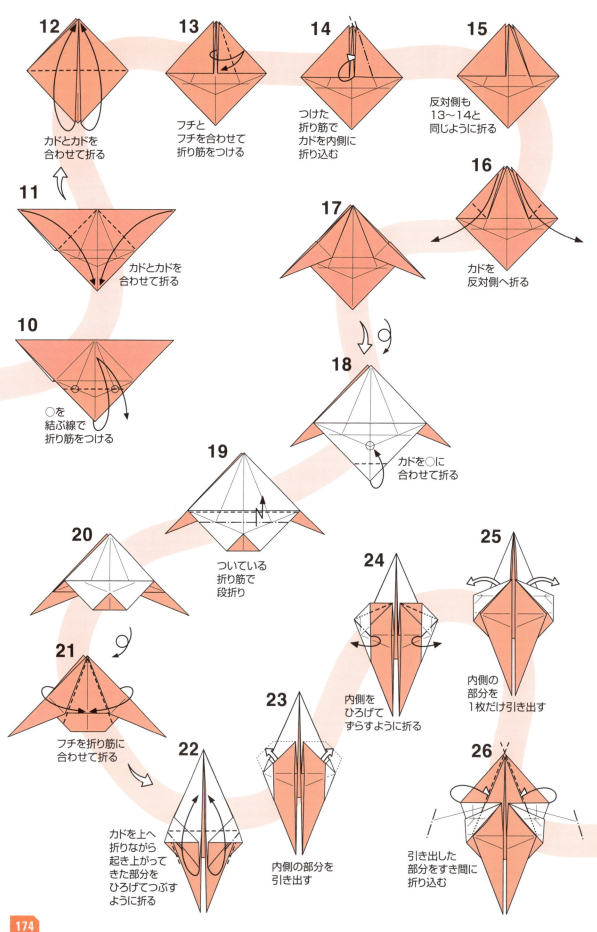

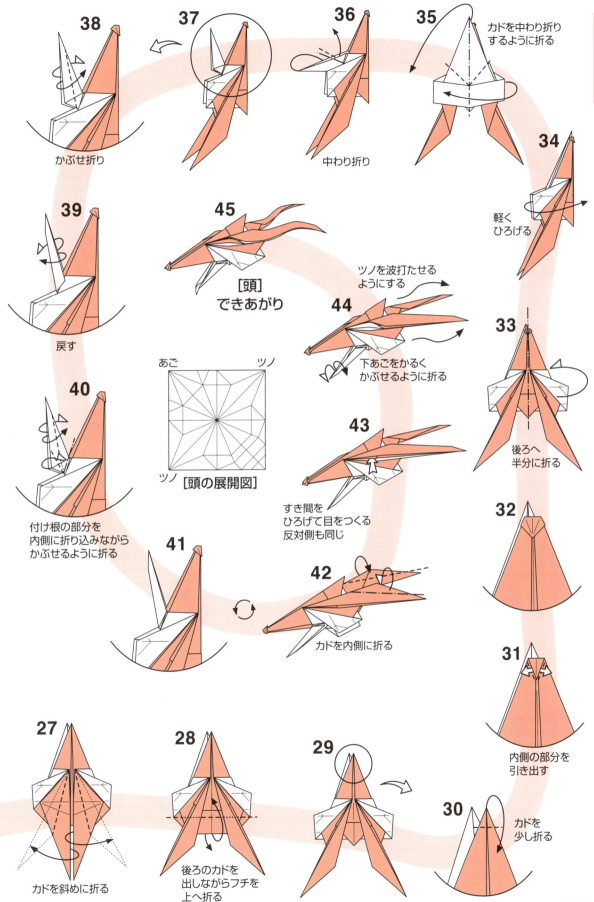

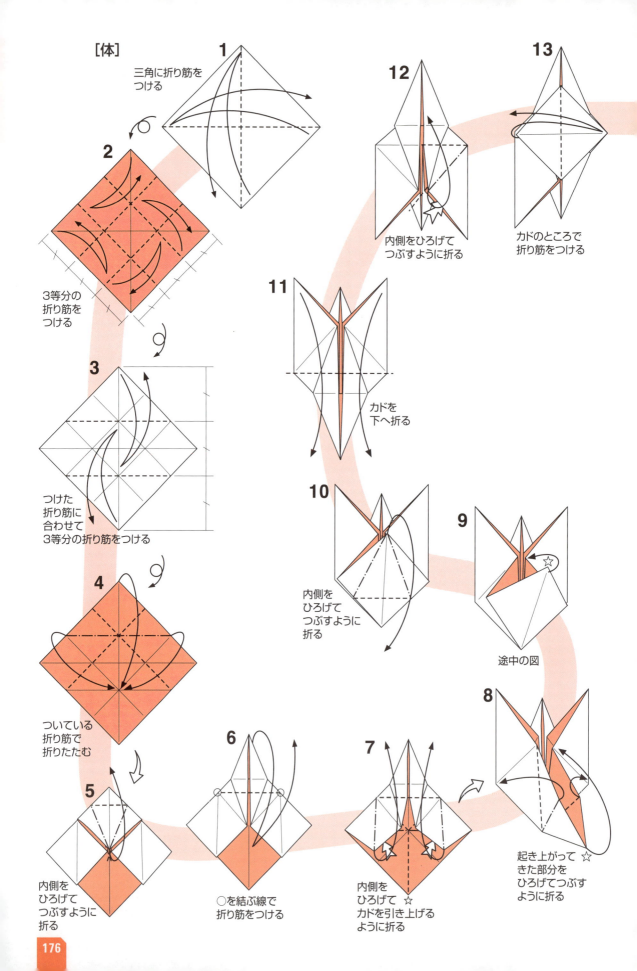

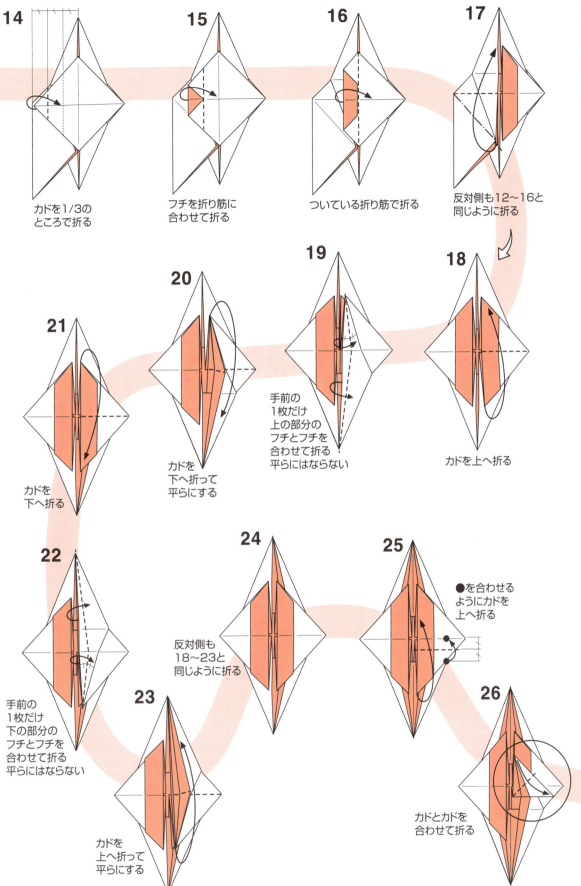

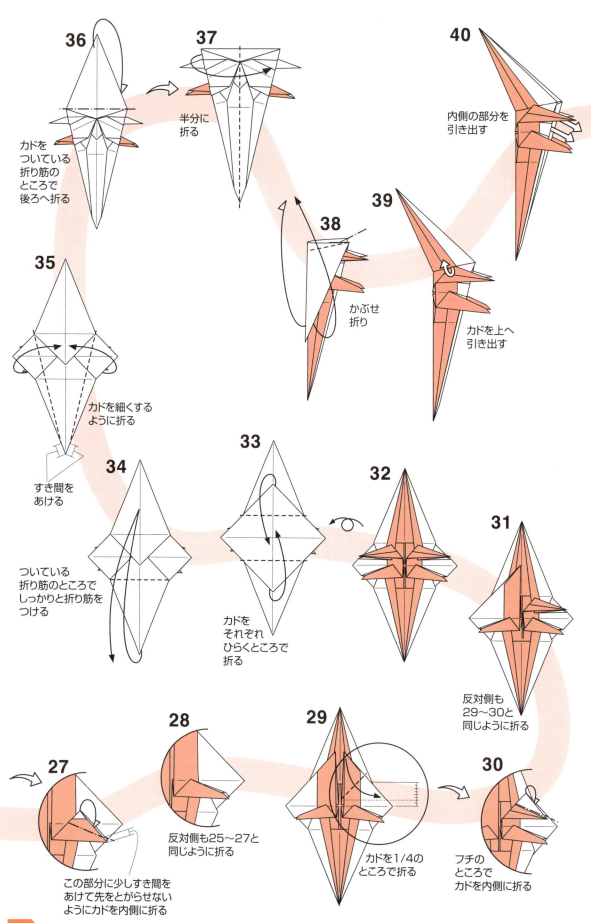

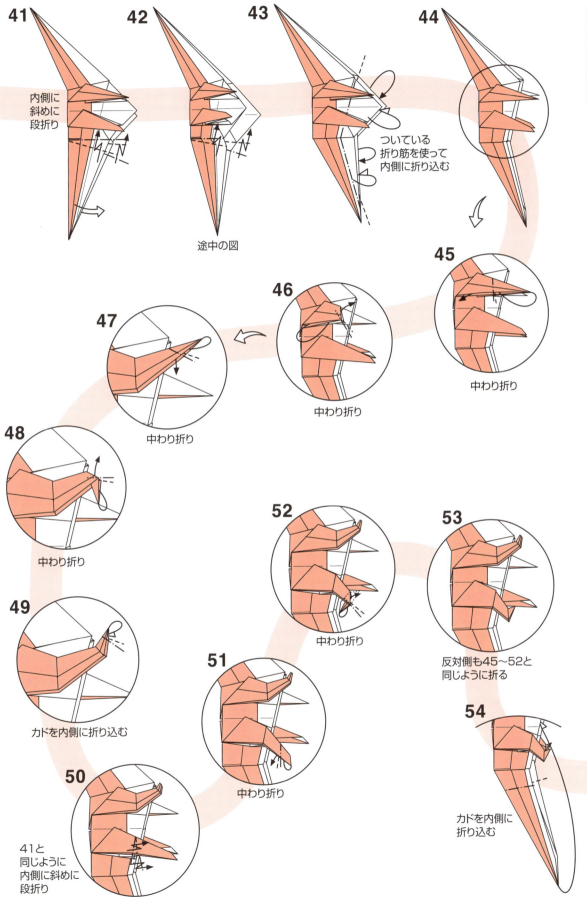

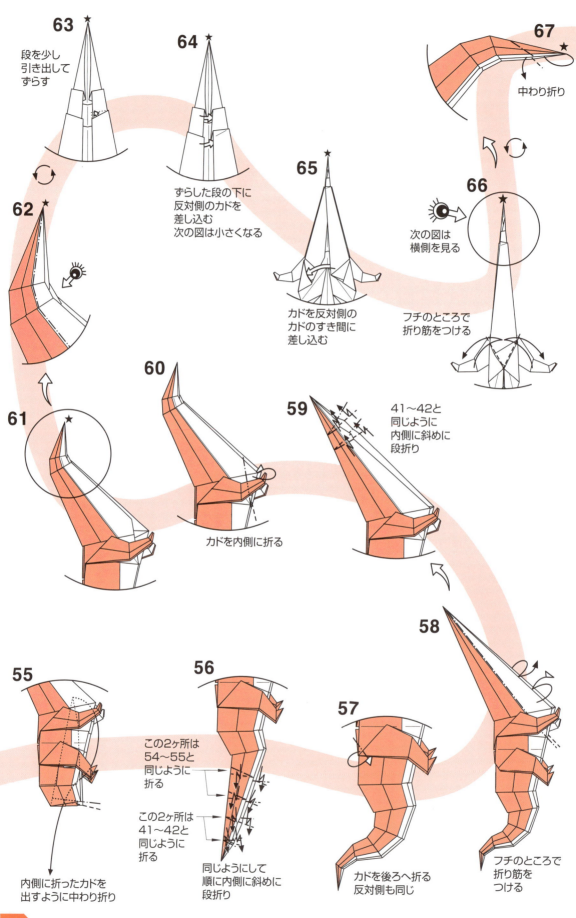

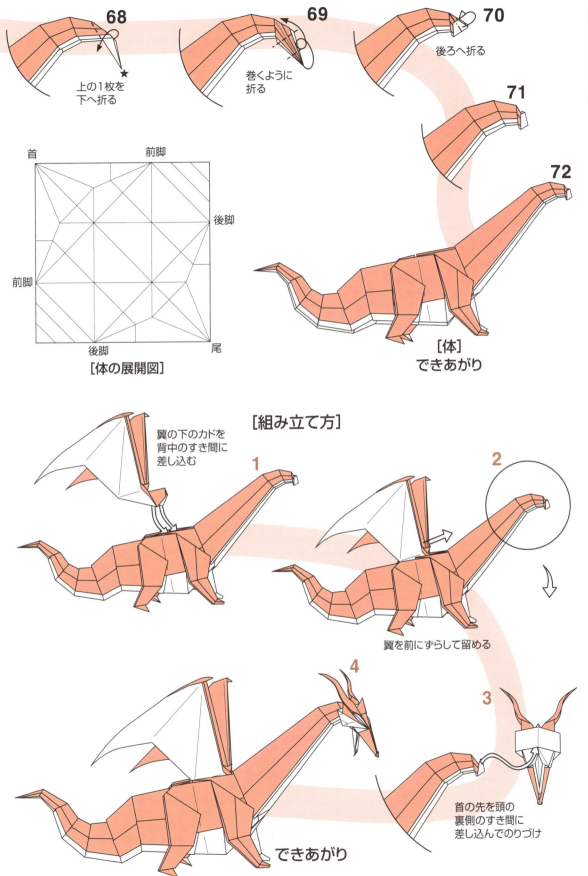

空想生物 ゴジラ（2016）

Godzilla by Satoshi Kamiya

創作：神谷哲史

35cm 折り紙用紙／1枚／不切正方一枚折り

難易度 ★★★★☆

TM&©TOHO CO., LTD.

一定以上の見栄えと折りやすさの両立を目指した作品です。そのため、工程数は123ステップと、形の複雑さのわりには難度控えめになっています。また同じ理由から、作例の仕上げはあまり折り込んでいません。いろいろな仕上げ方法に対応できる基本形ですので、満足できない人は、ぜひ各自で心行くまで作り込んでみてください。

1 三角に折り筋をつける

2 カドとカドを合わせて印をつける

3 ○を結ぶ線で印をつける

4 カドをつけた印に合わせて折り筋をつける

5 フチをつけた折り筋に合わせて印をつける

6 カドをつけた印に合わせて折る

7

8 ついている折り筋で折る

9 カドとカドを合わせて折る

10 全部ひろげる

182

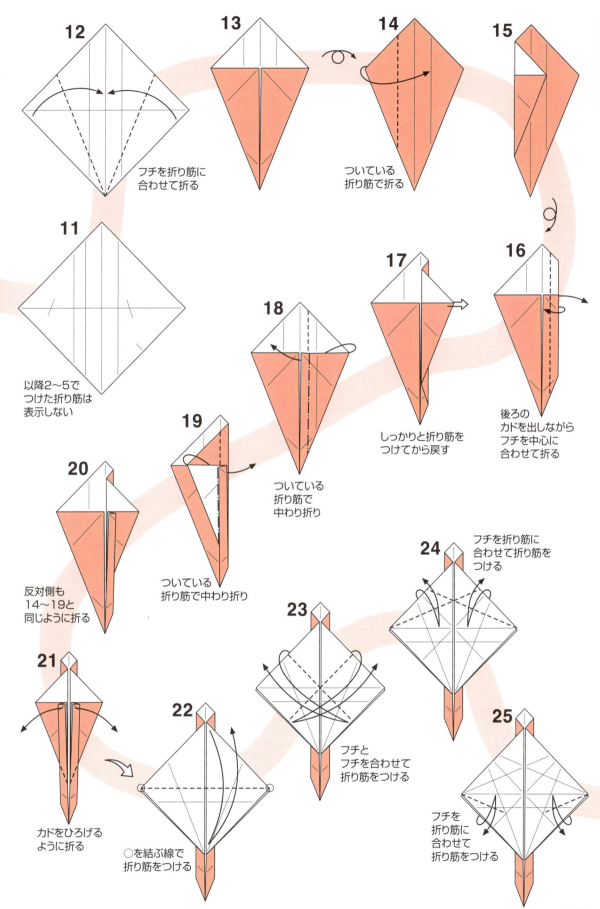

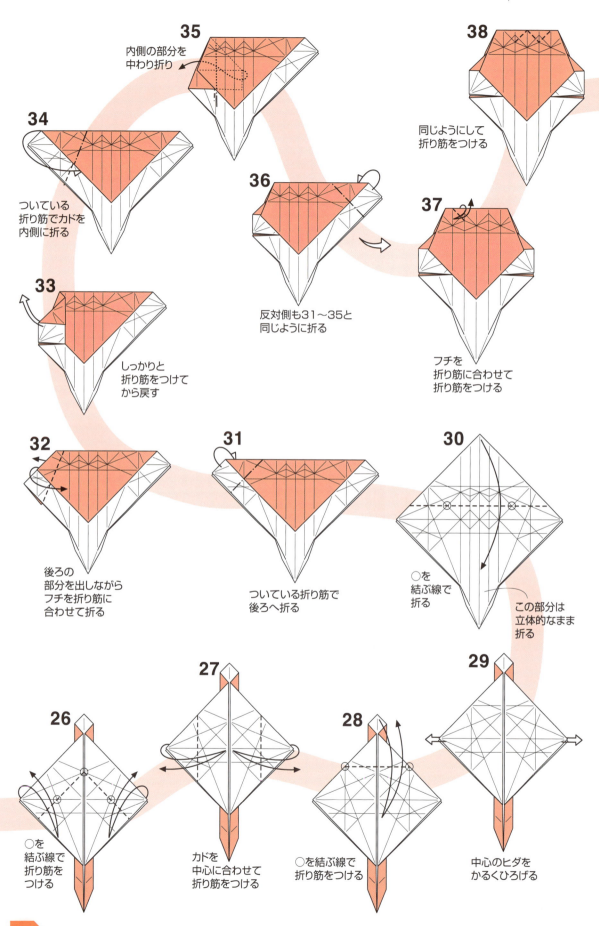

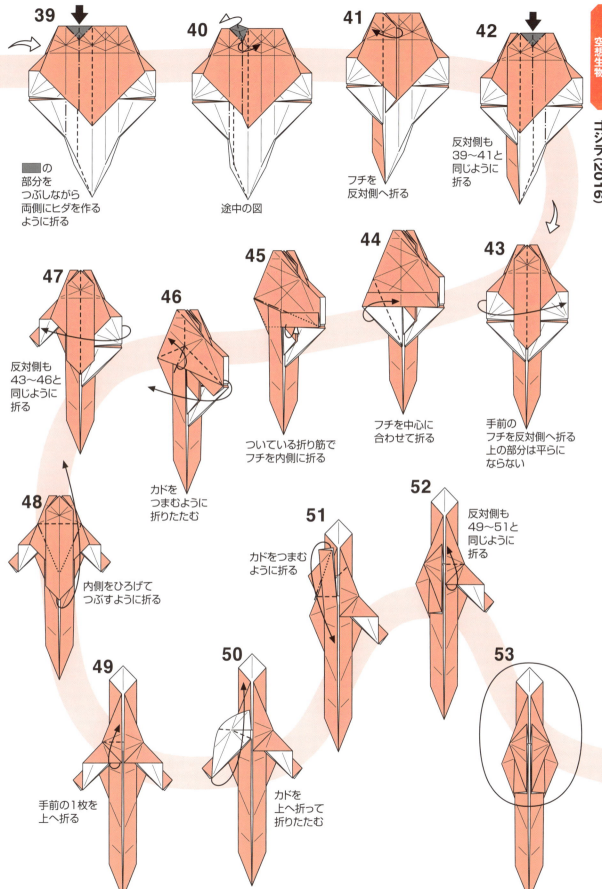

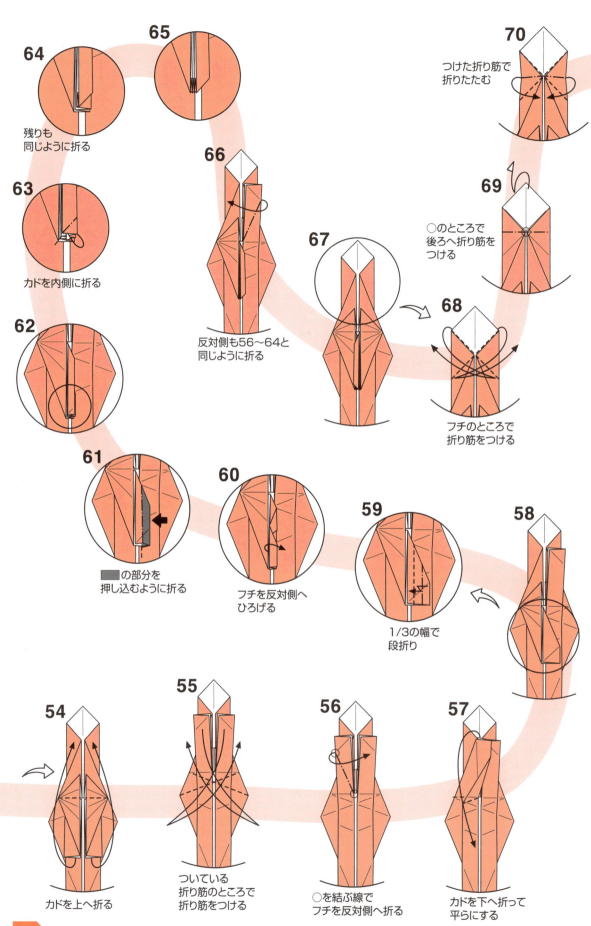

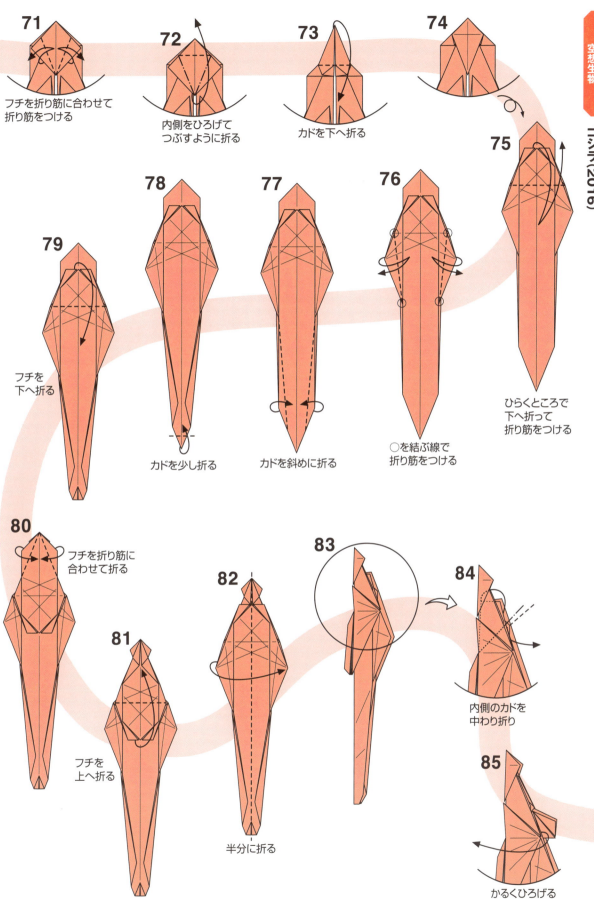

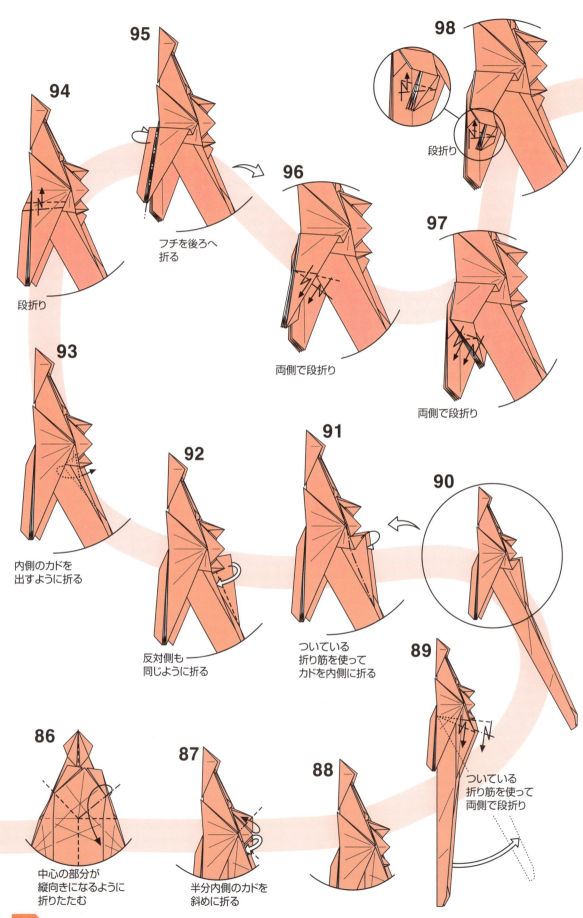

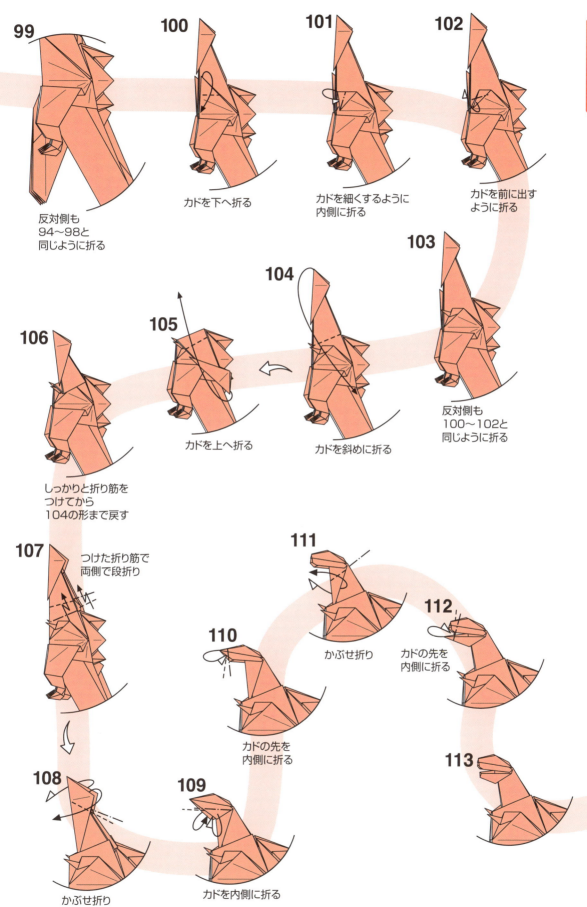

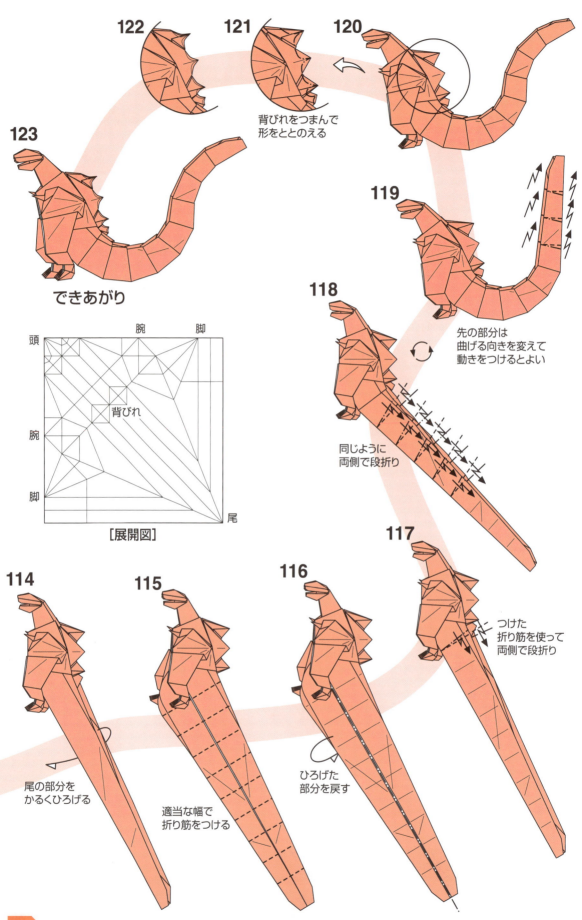

空想生物 キングギドラ

King Ghidorah by Keiichi Kozasa

創作：小笹径一

35cm 折り紙用紙／1枚／不切正方一枚折り

難易度 ★★★★★

怪獣を折り紙で折りたいというなかで、この怪獣といえばということで折り紙にした作品です。前作もあるのですが、この作品の方が首に動きをつけることができるので、この作品を重視しました。ぜひ、35cm以上の紙で顔の作り、首の動きを表現していただきたいと思います。

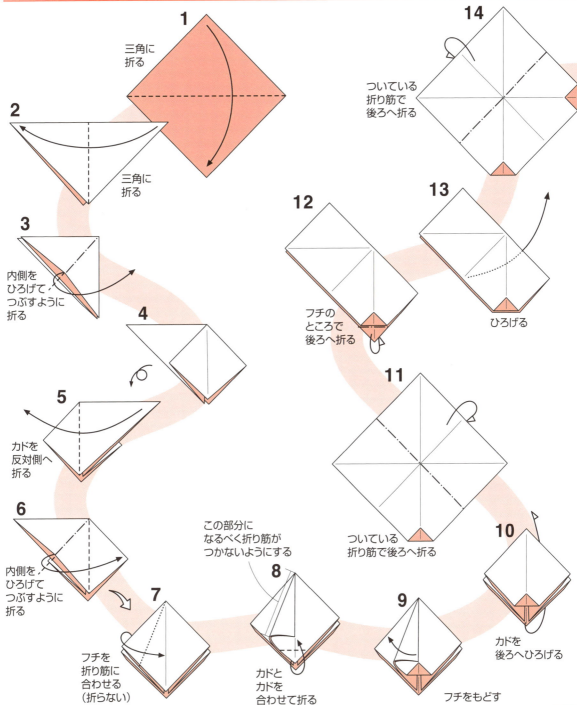

191

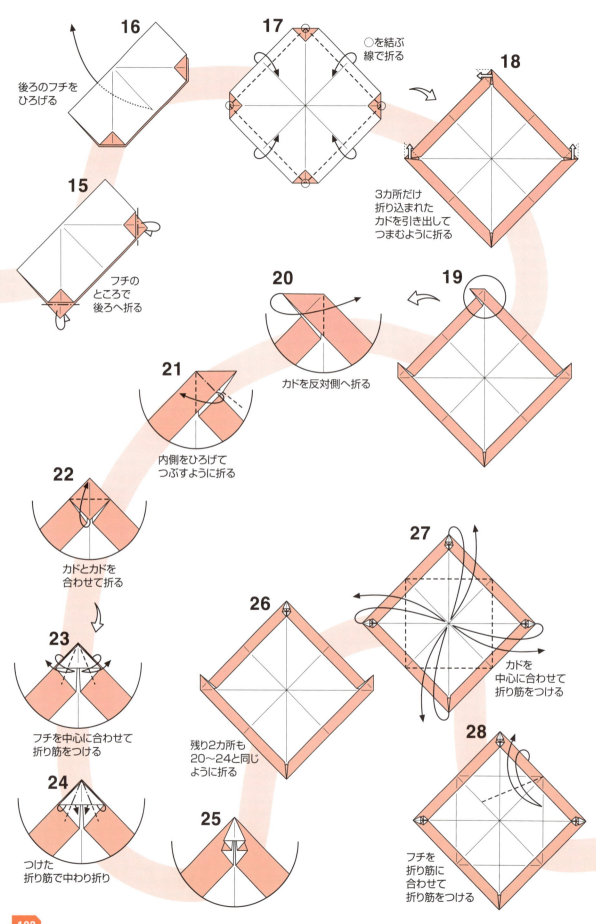

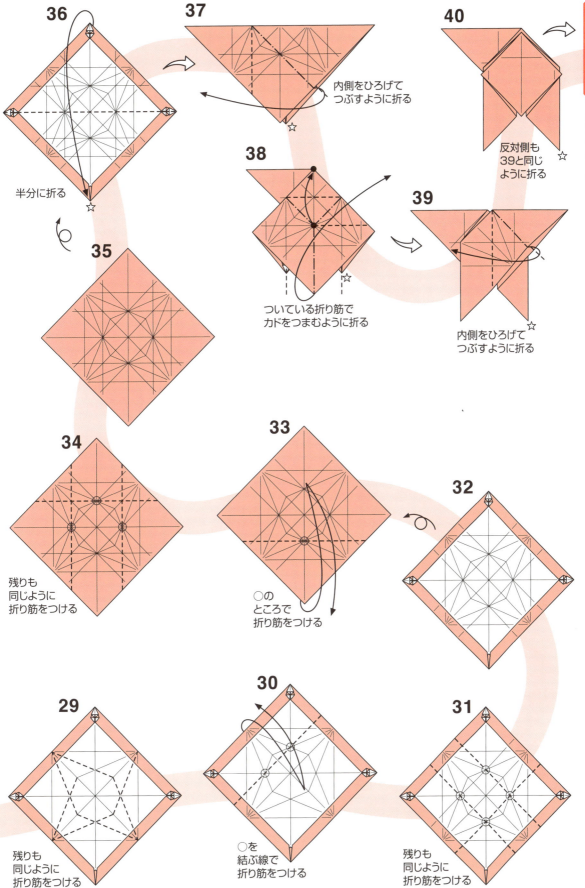

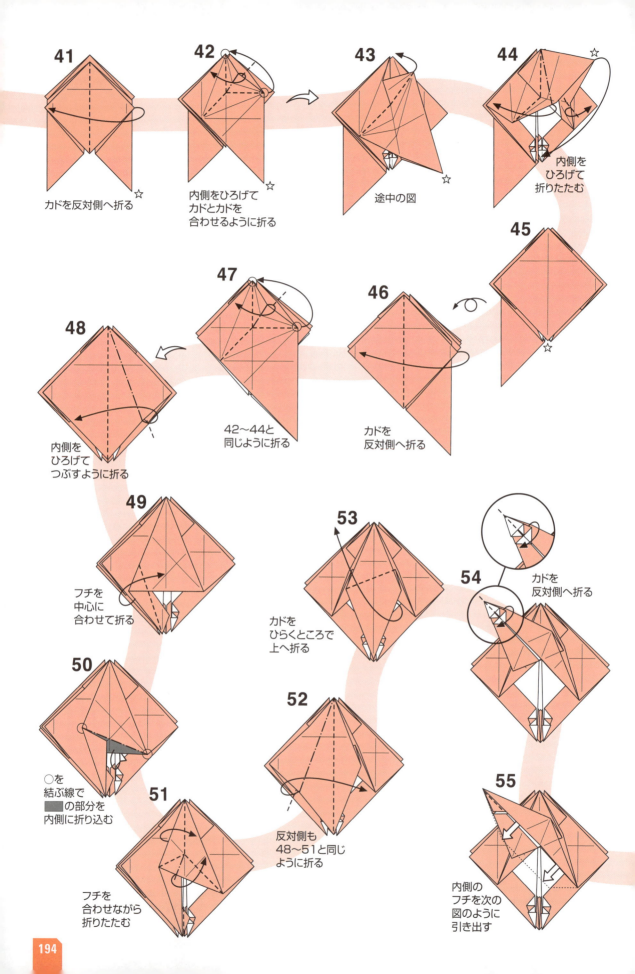

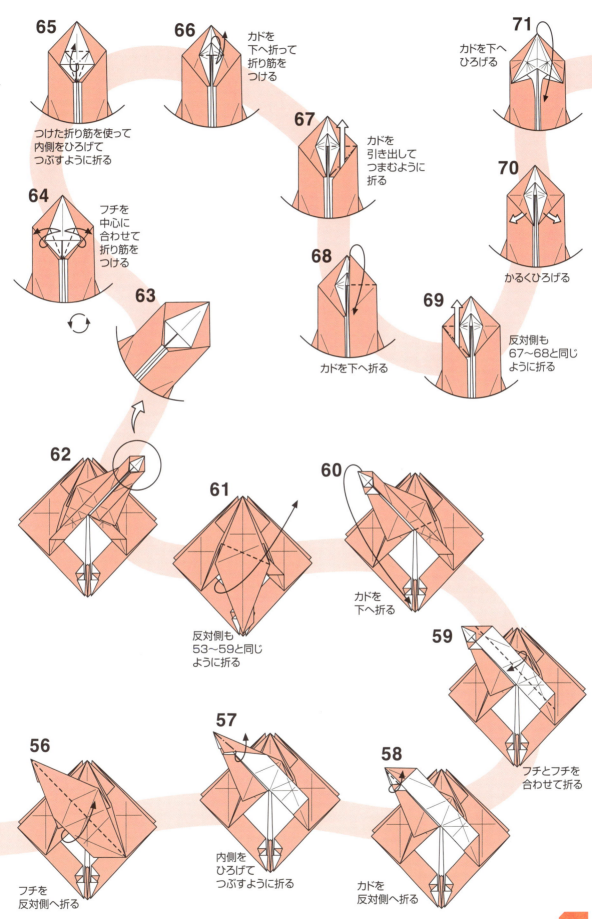

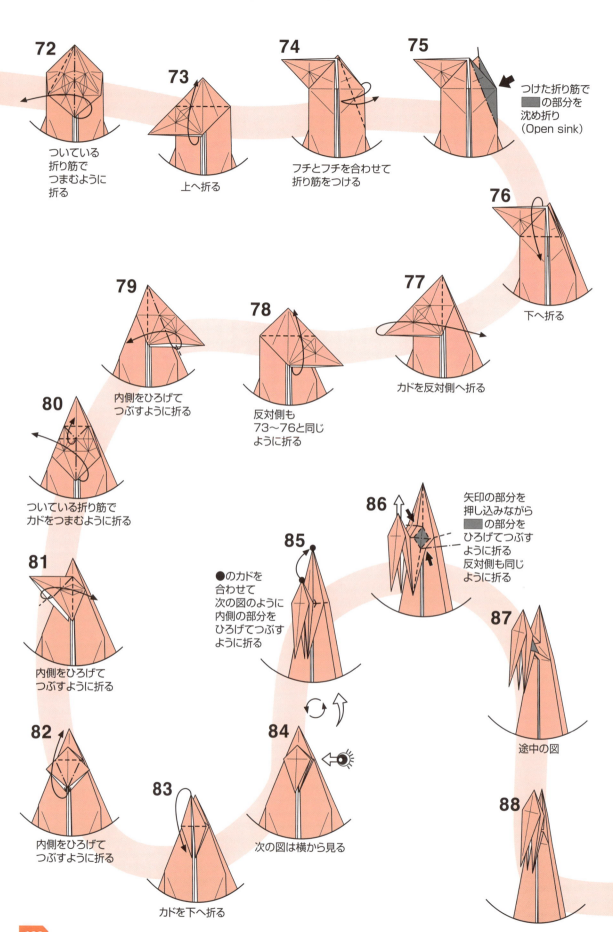

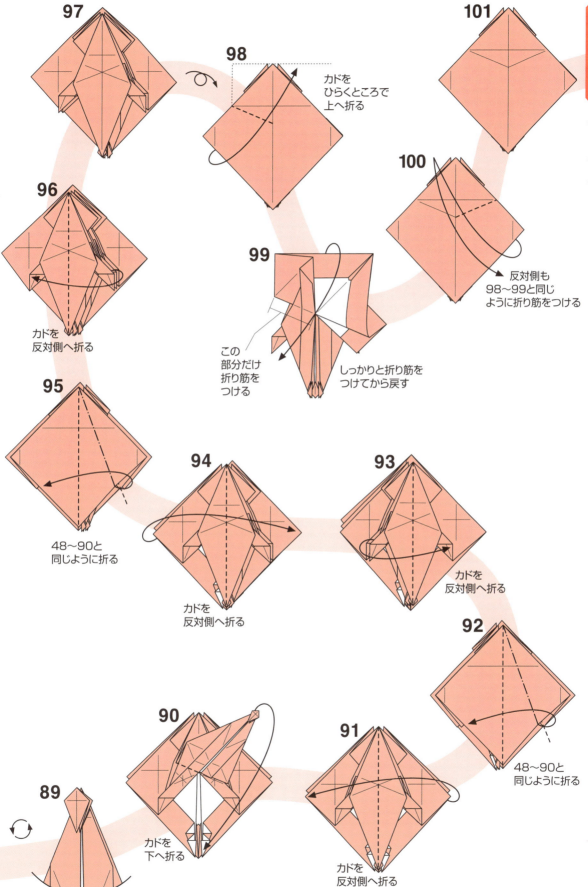

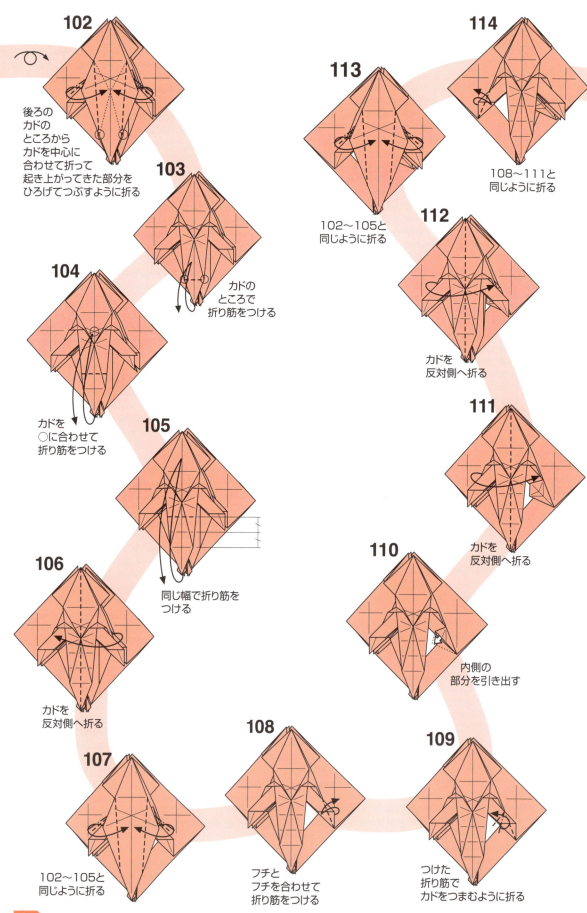

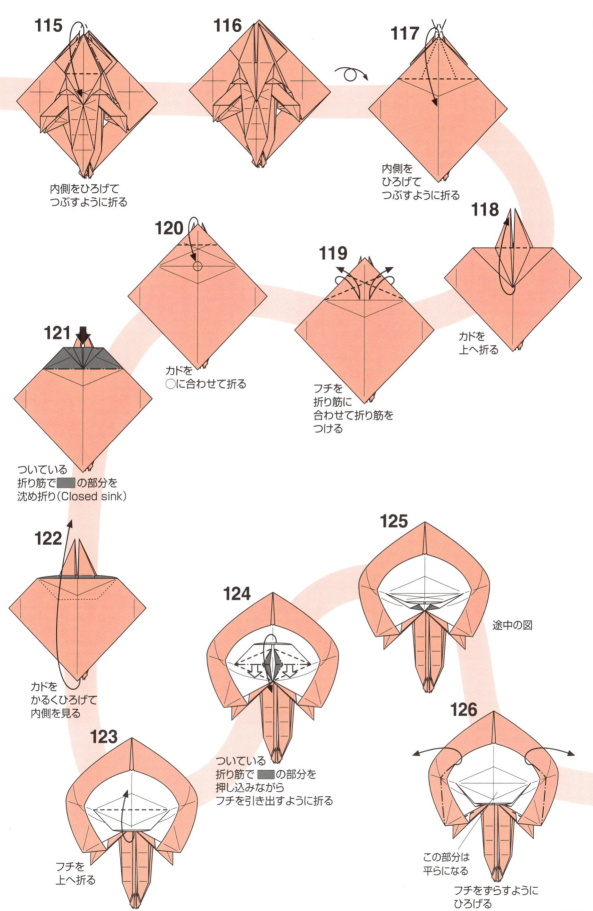

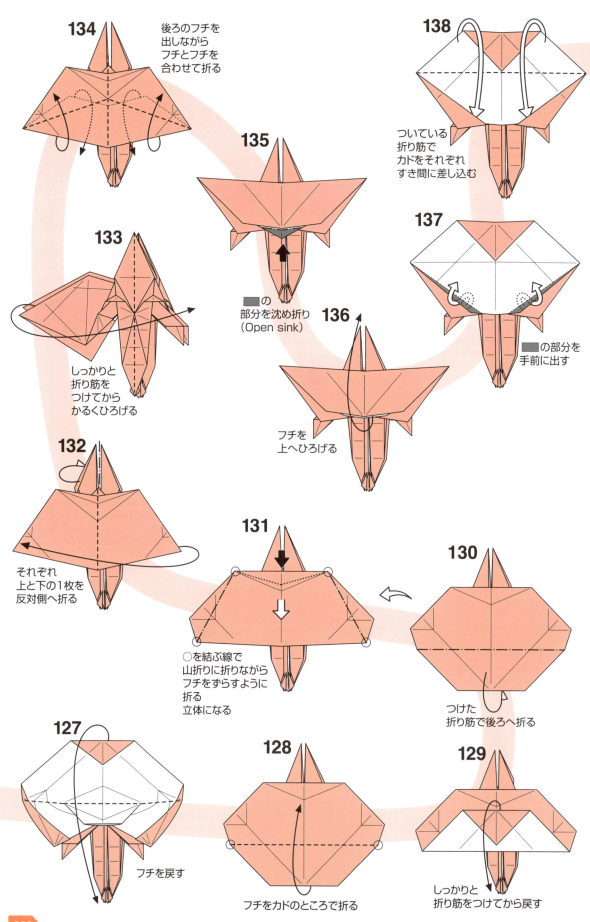

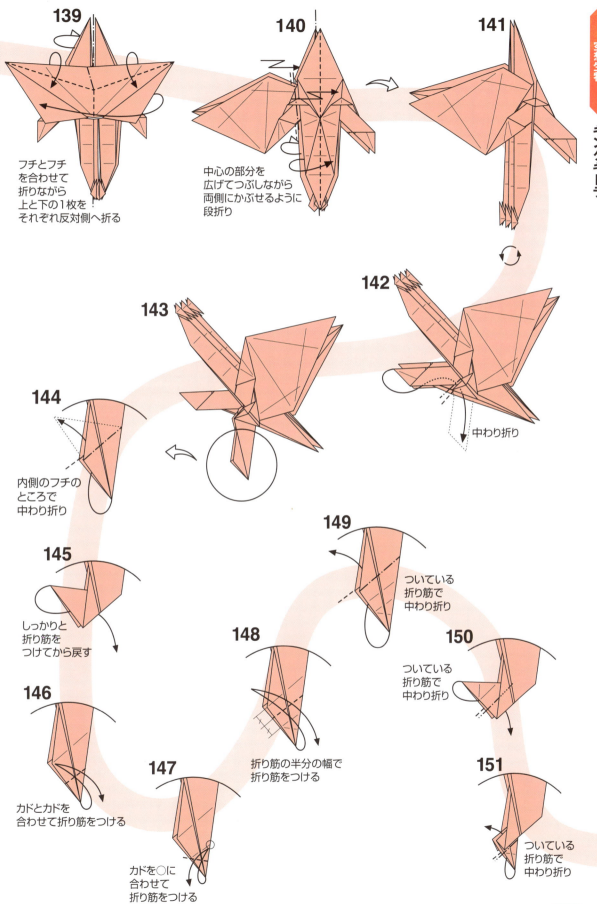

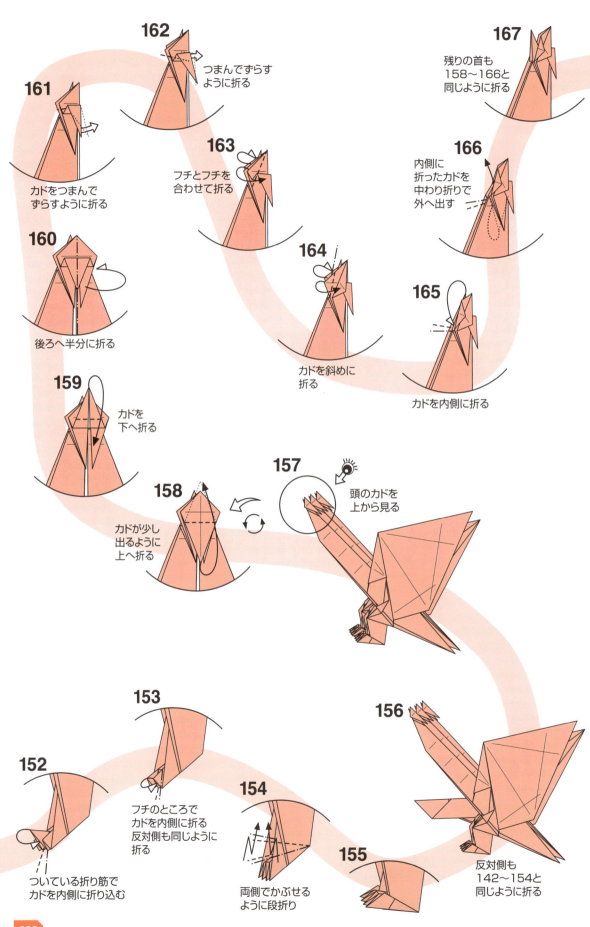

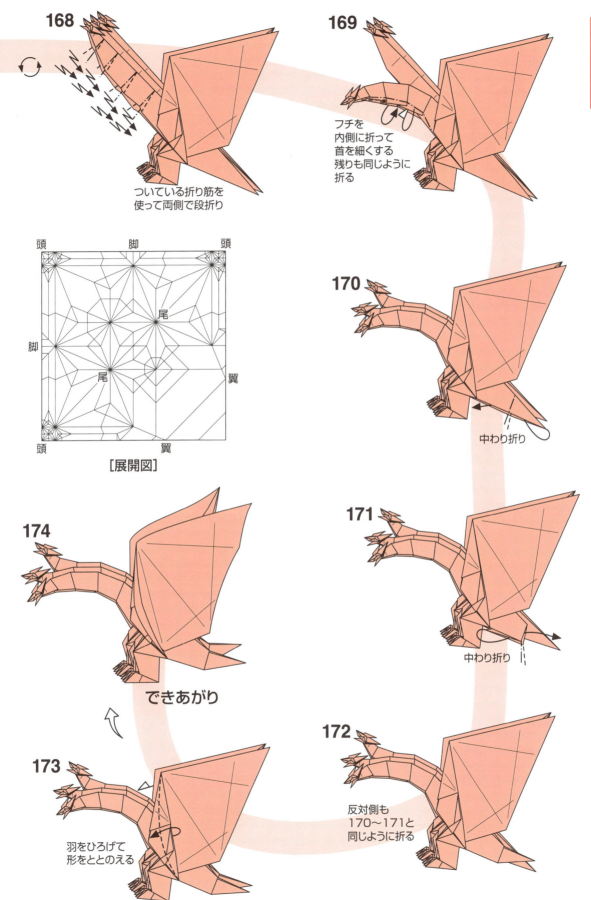

空想生物 ペガサス

Pegasus by Fumiaki Kawahata

創作：川畑文昭

難易度 ★★★★★

35cm 折り紙用紙／1枚／不切正方一枚折り

ギリシャ神話のペガサスは、私が最も好きなモチーフの1つです。今まで、いくつものペガサスを創作してきましたが、振り返るとその時々の作品への思いが蘇ります。シンプルな造形を狙うにしてもリアルな造形を狙うにしても、それぞれ難しいチャレンジでした。この作品は頭部の造形にこだわりを入れ、翼が無くても馬の造形だと分かるように工夫しています。

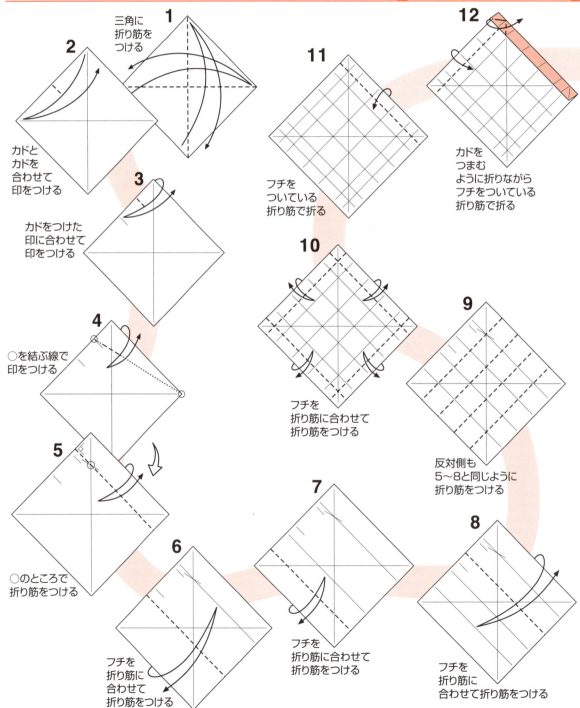

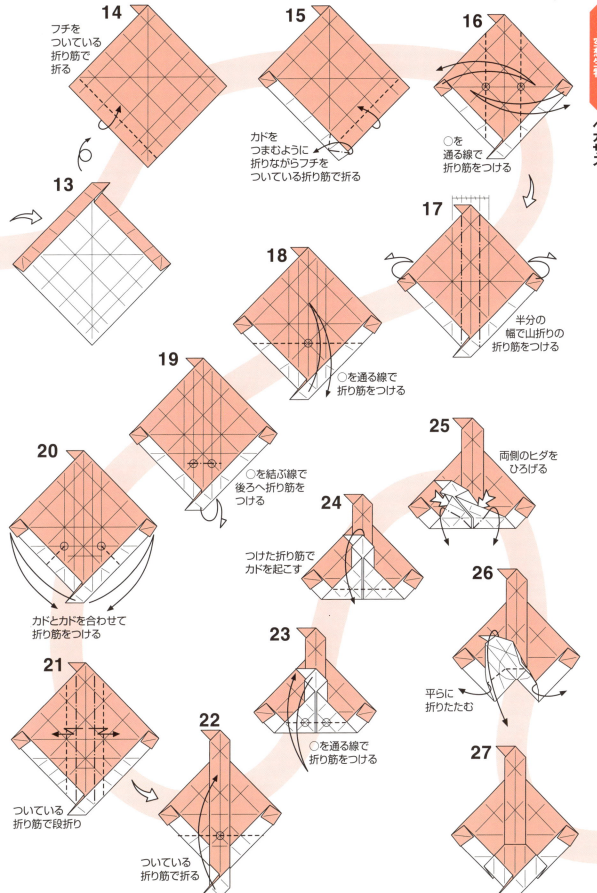

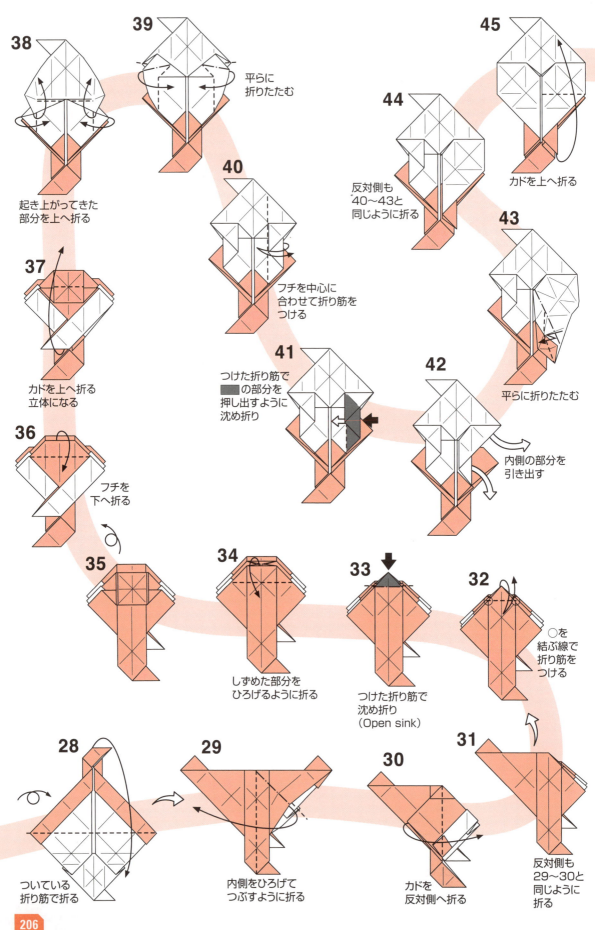

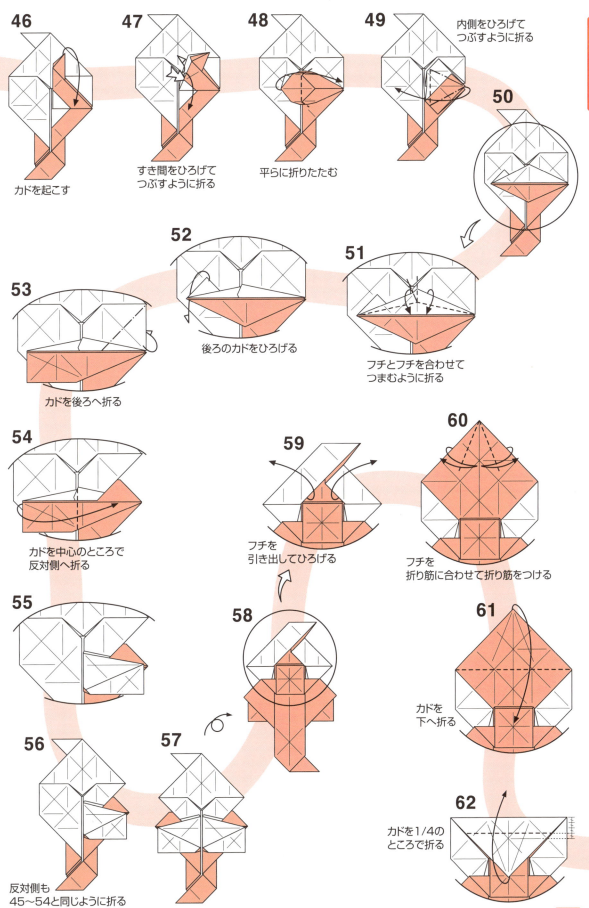

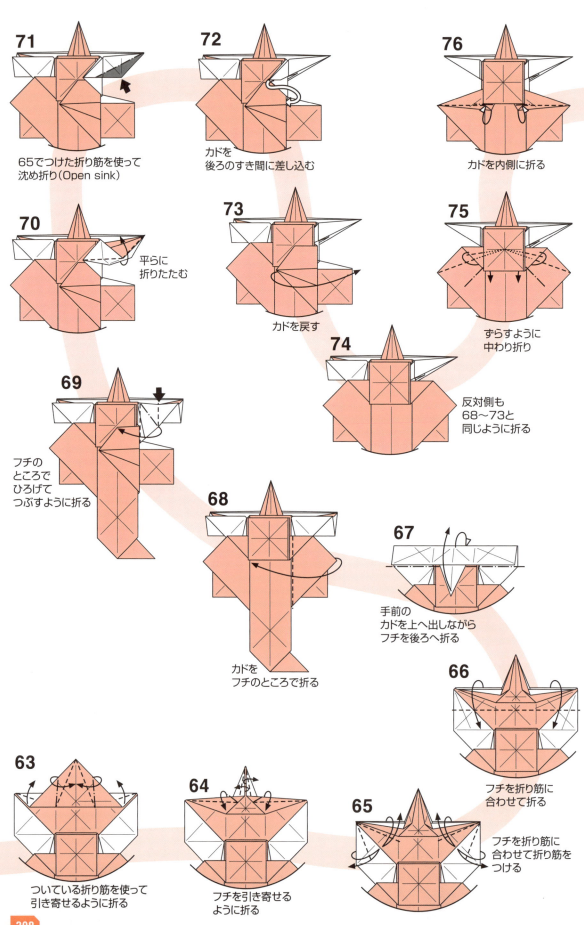

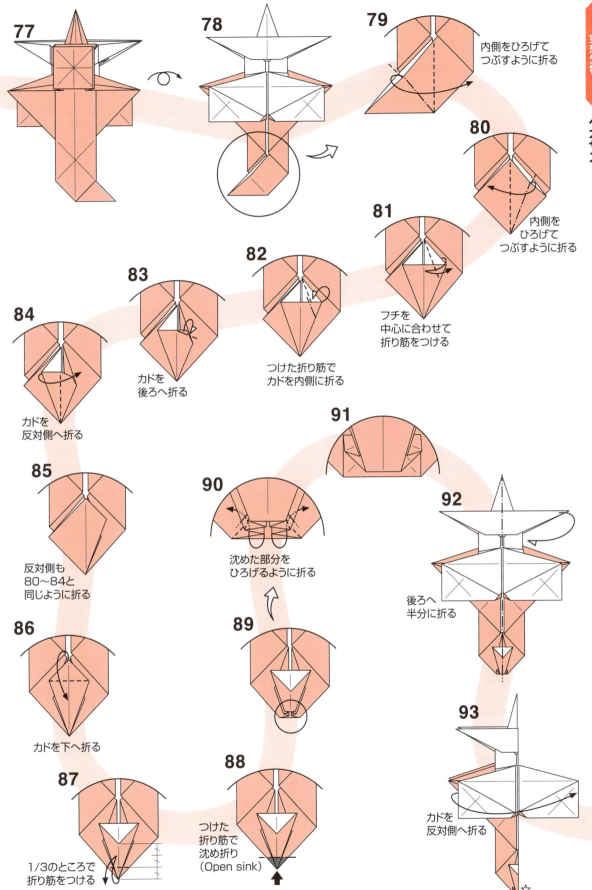

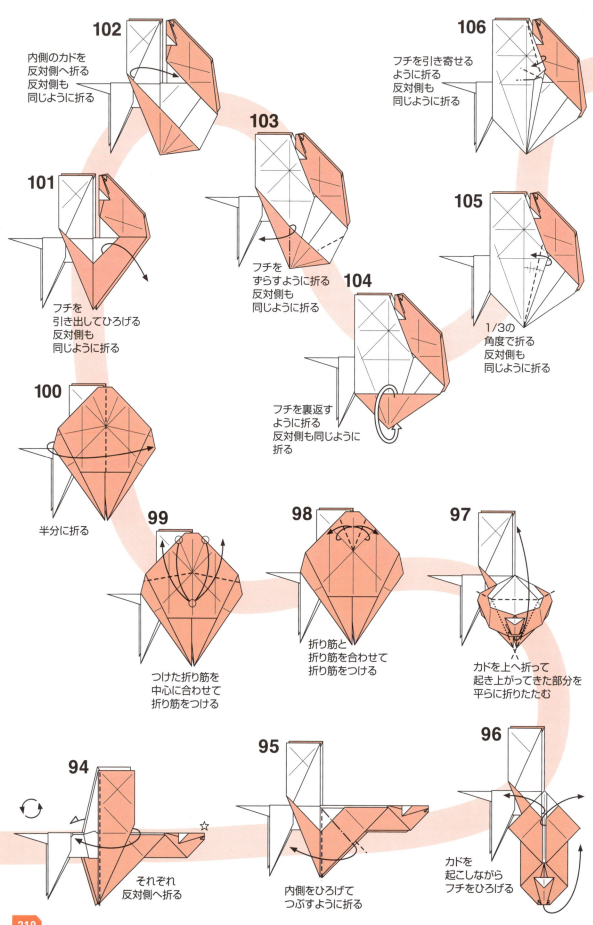

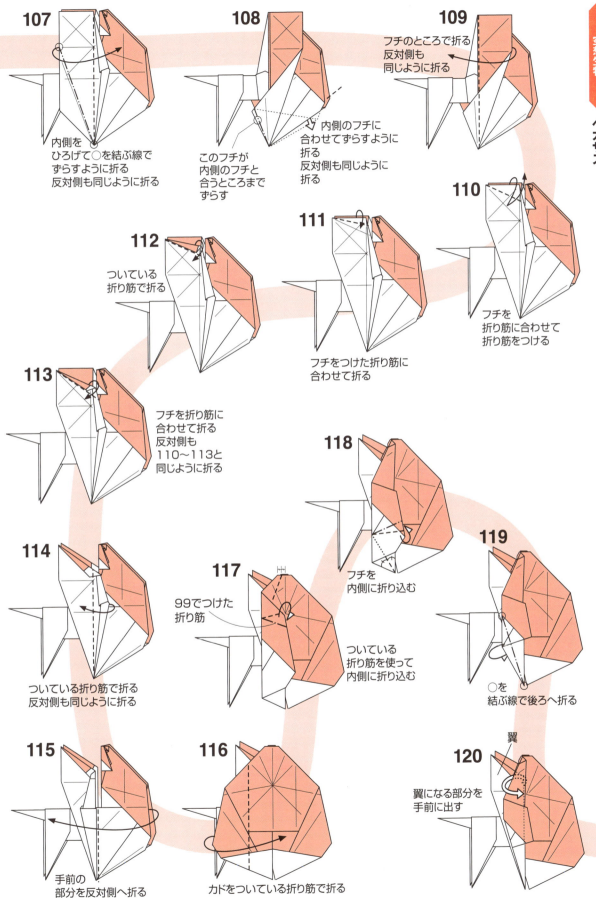

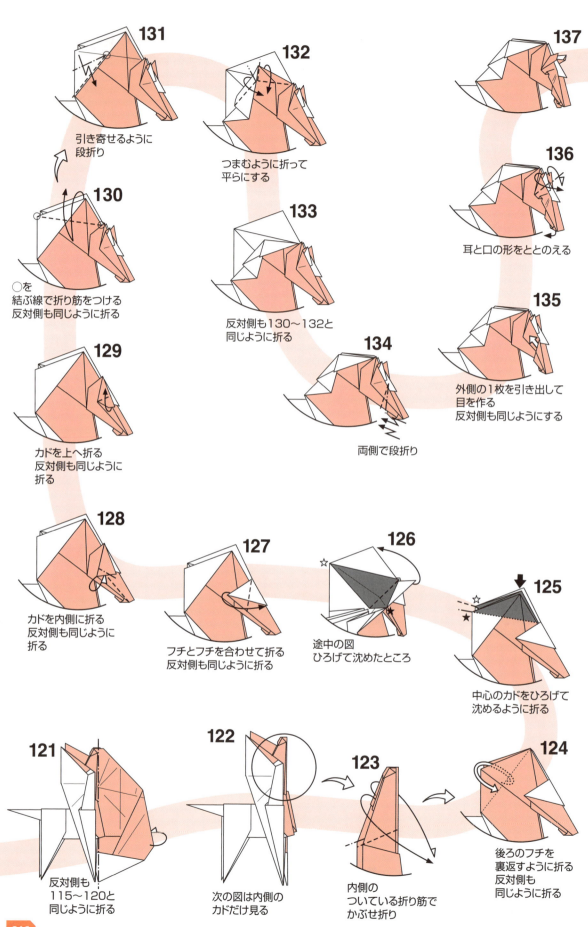

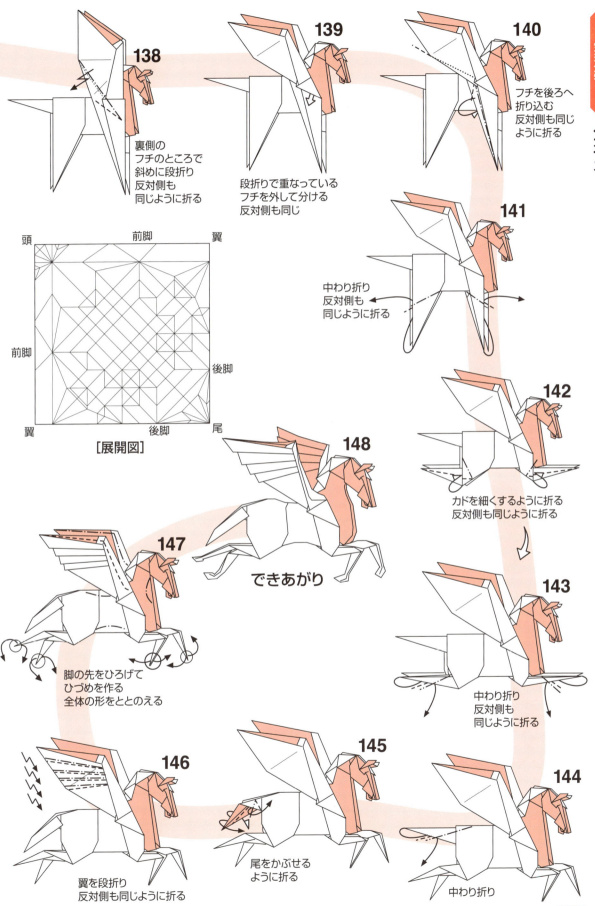

アラカルト	アノマロカリス
難易度 ★★★★★	**Anomalocaris** by Fumiaki Kawahata 創作：川畑文昭 35cm 折り紙用紙／1枚／不切正方一枚折り

1995年の創作作品です。当時、北アメリカのバージェス頁岩からカンブリア紀の奇妙な形をした生物が多く発見されているという記事が、科学雑誌を賑わせていました。今まで折り紙では折られた事のないものばかりでしたので、大いに創作意欲がわきました。このアノマロカリスもエビのような触手を持った異様な形をしており、1985年に正しい姿に復元された古生物です。

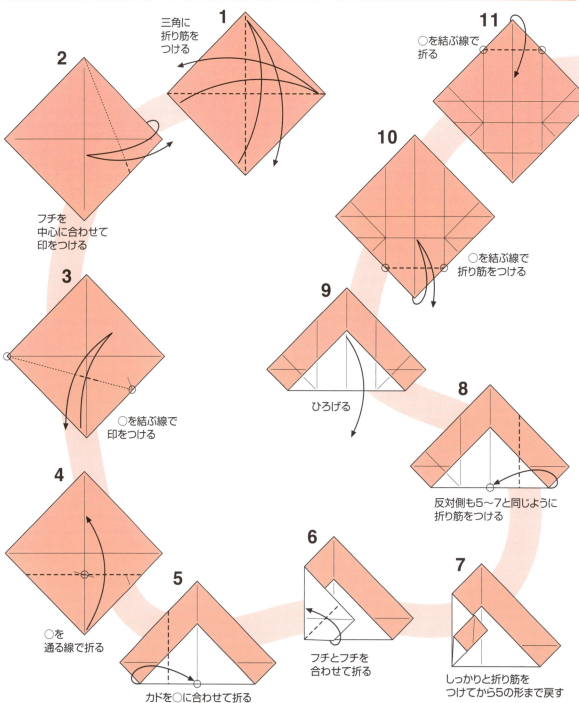

214

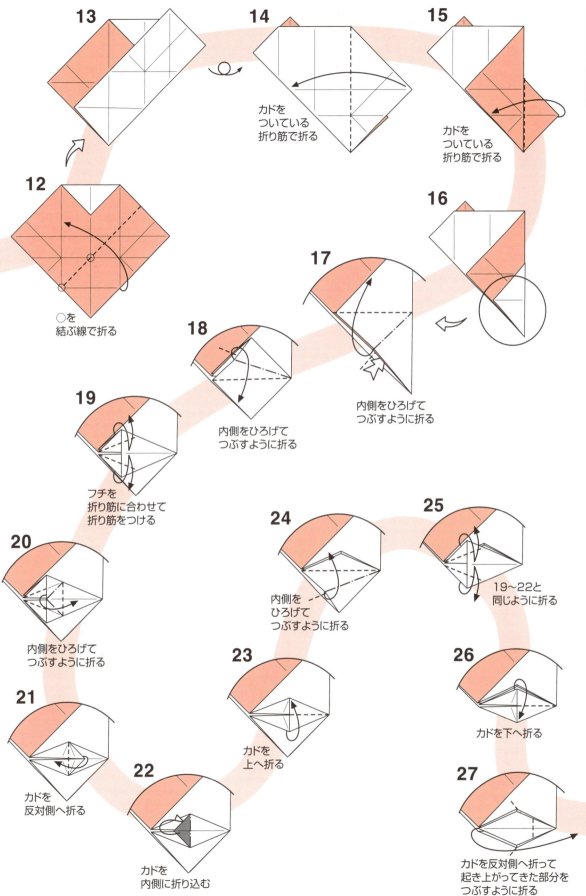

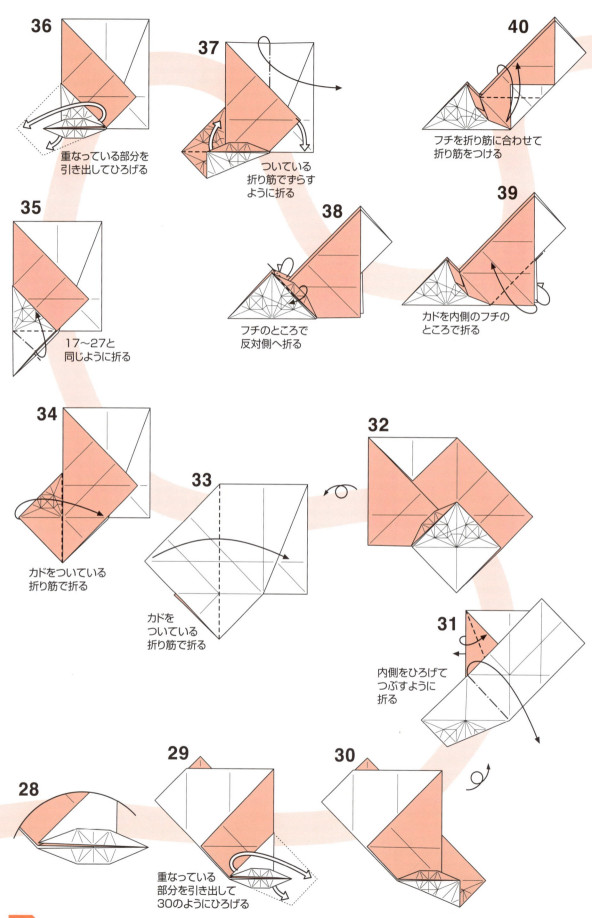

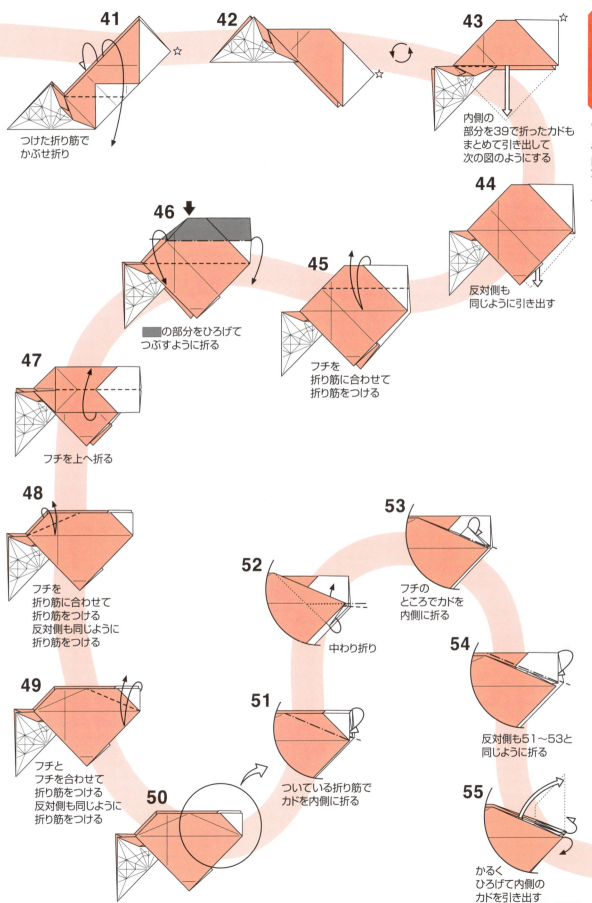

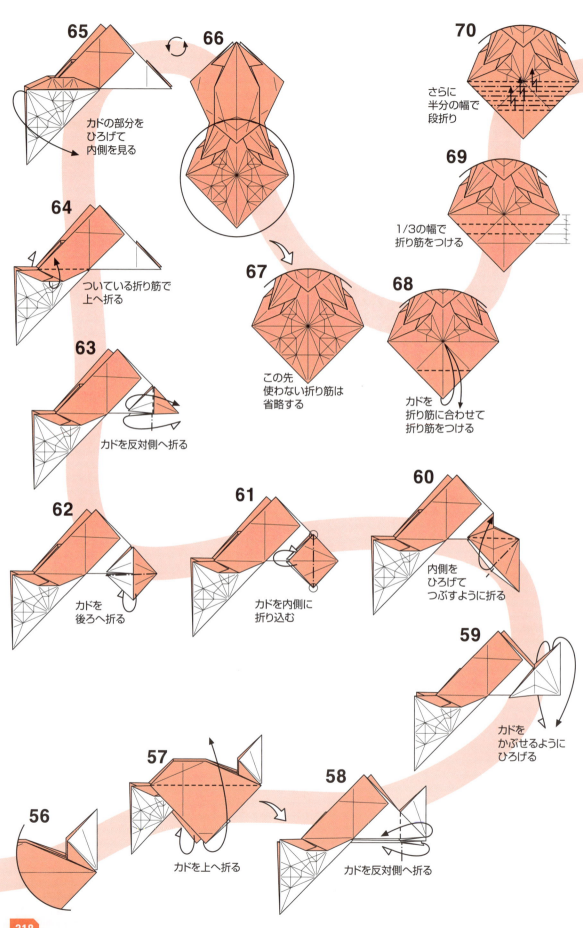

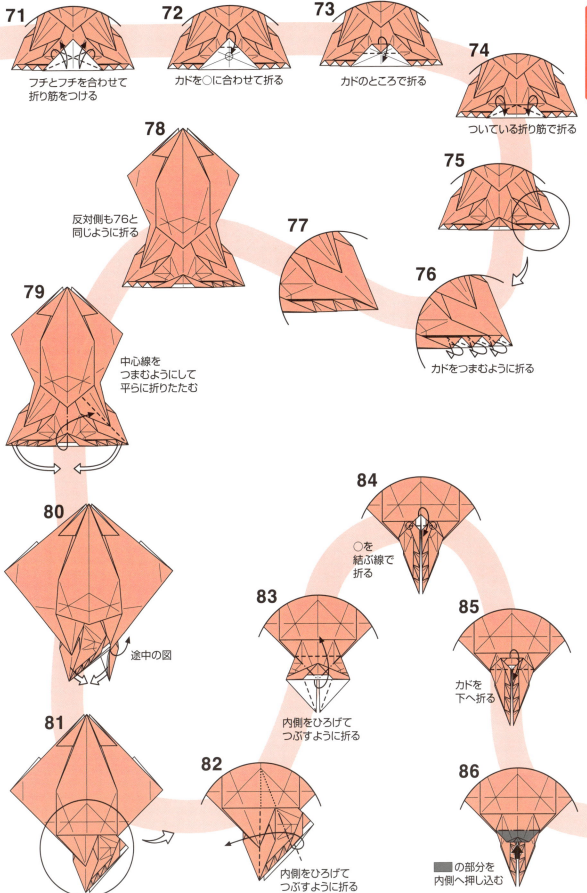

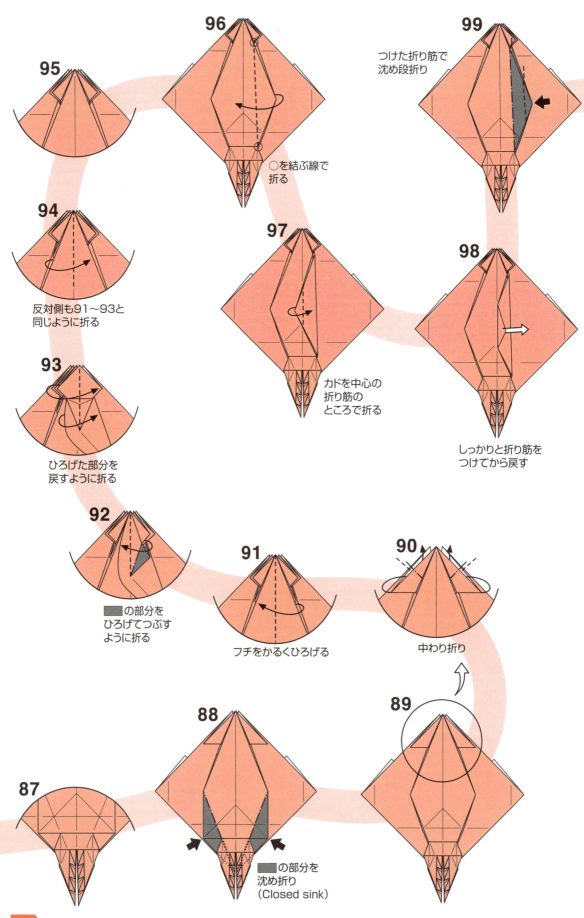

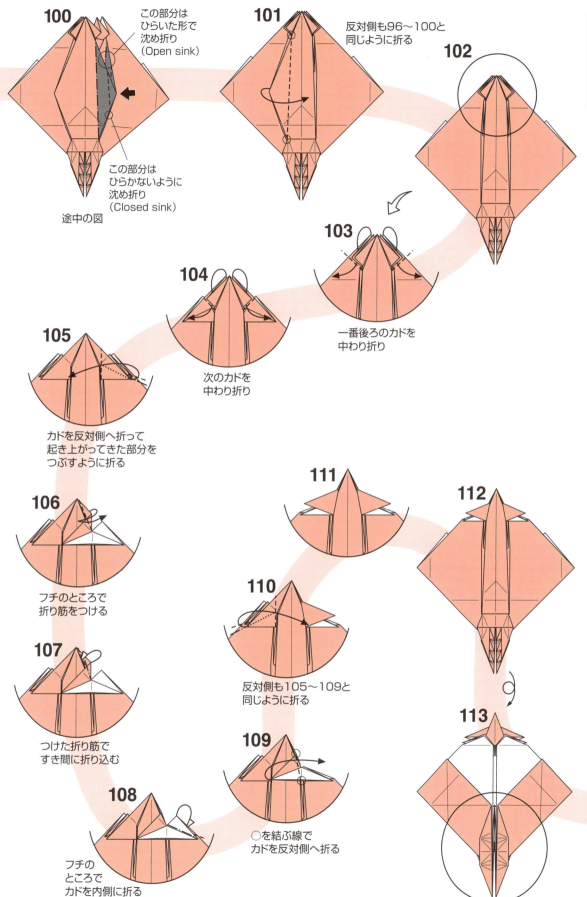

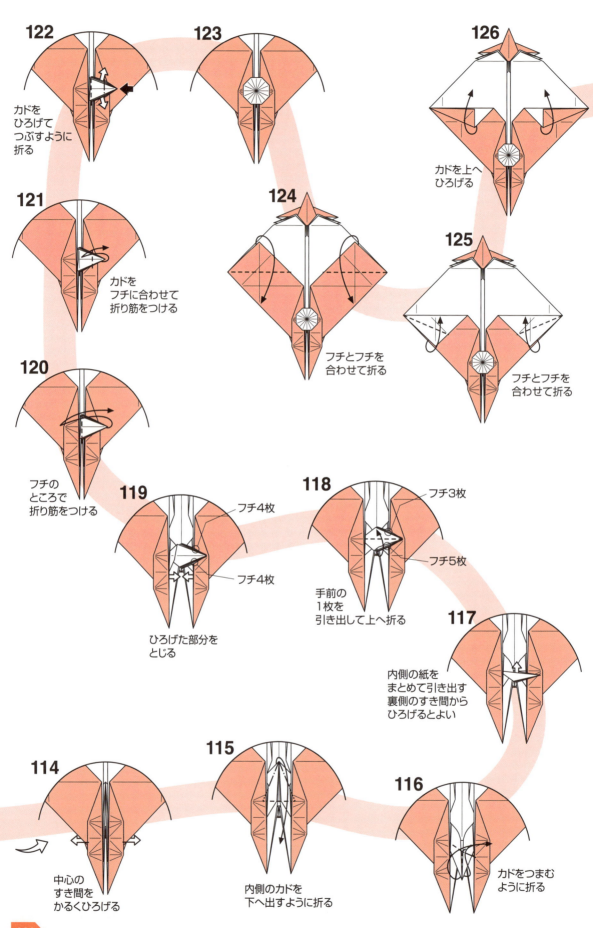

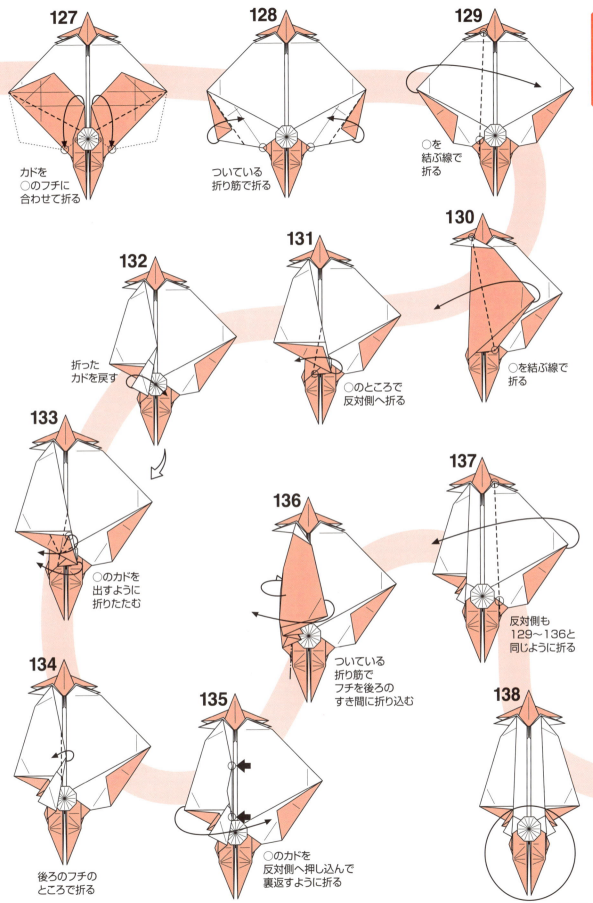

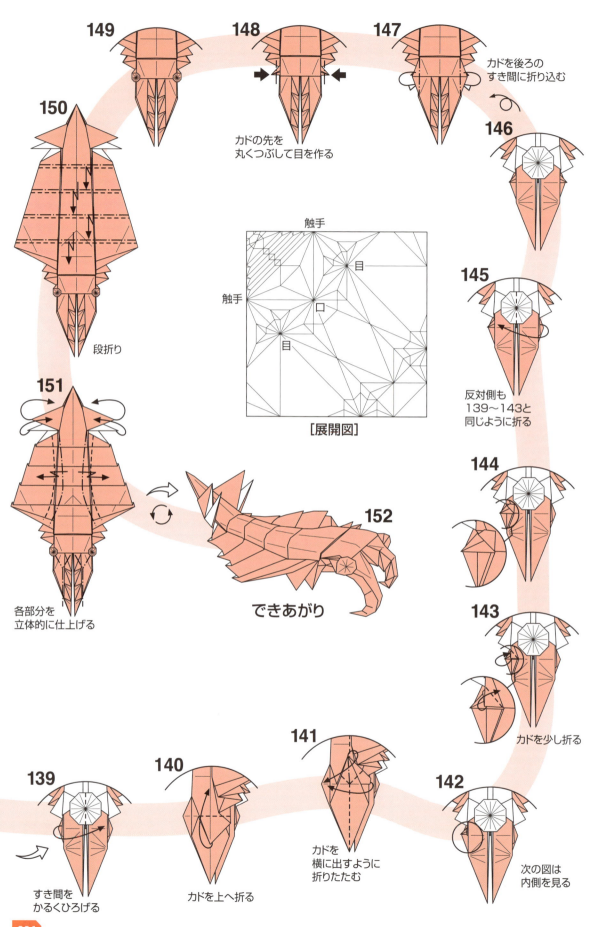

第 6 章
ティラノサウルス

TYRANNOSAURUS

難易度
★★
★★☆

ティラノサウルス
全身骨格
P.226

ティラノサウルス全身骨格

Tyrannosaurus Skeleton by Issei Yoshino

難易度 ★★★★☆

創作：吉野一生

15cm 折り紙用紙／21枚／複合

21枚の同サイズの用紙を使って作る大作です。1989年の発表当時は折り紙の世界に衝撃を与え、故・吉野氏はこの作品の発表後、「骨の一生」と呼ばれました。ほとんどのパーツをのりを使わず組み合わせることができますが、できればしっかり固定し、台座を作って飾りたい作品です。まずは頭部を作って、全体の完成サイズを予想してみるとよいでしょう。（著者）

[頭の骨] ●上あご

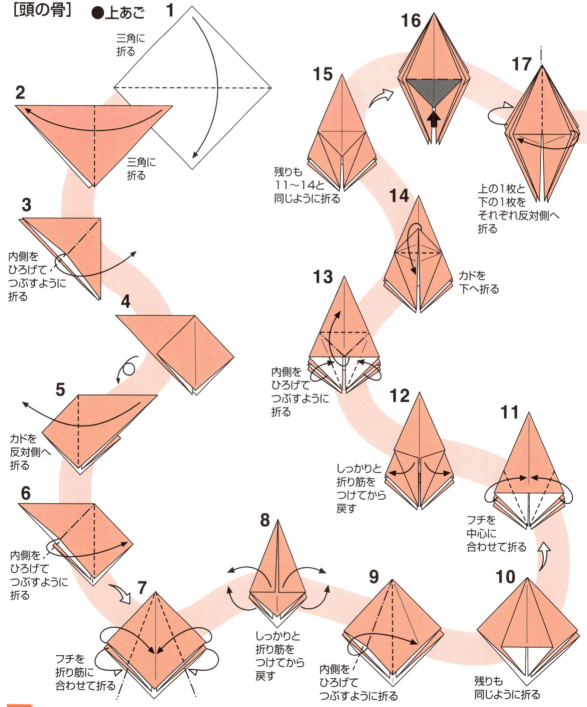

226

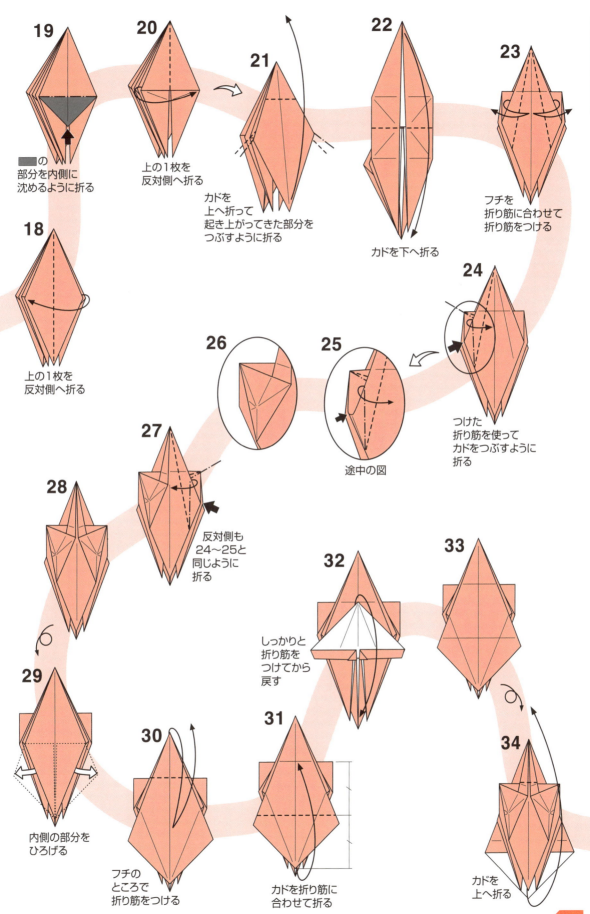

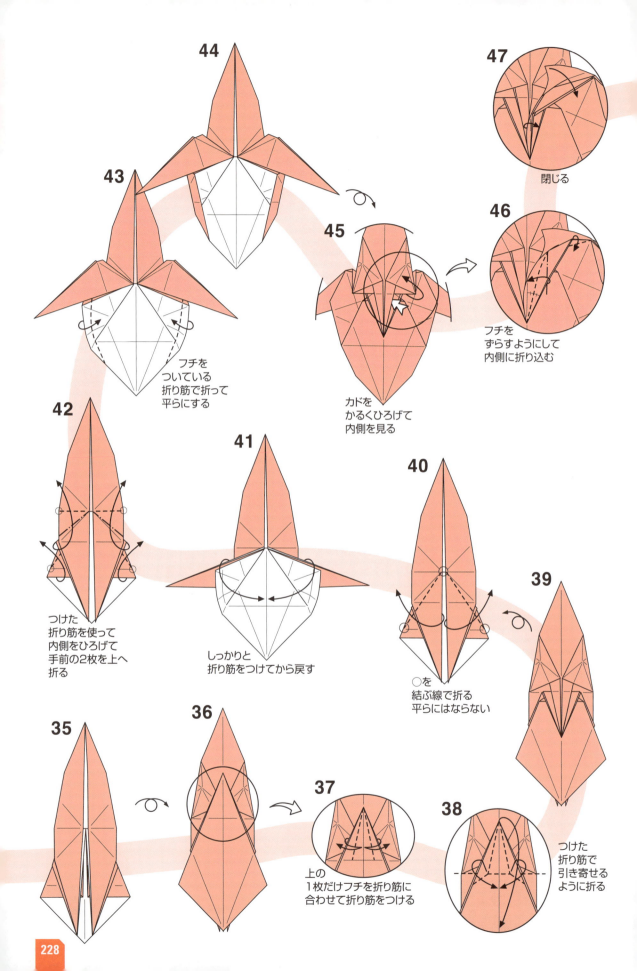

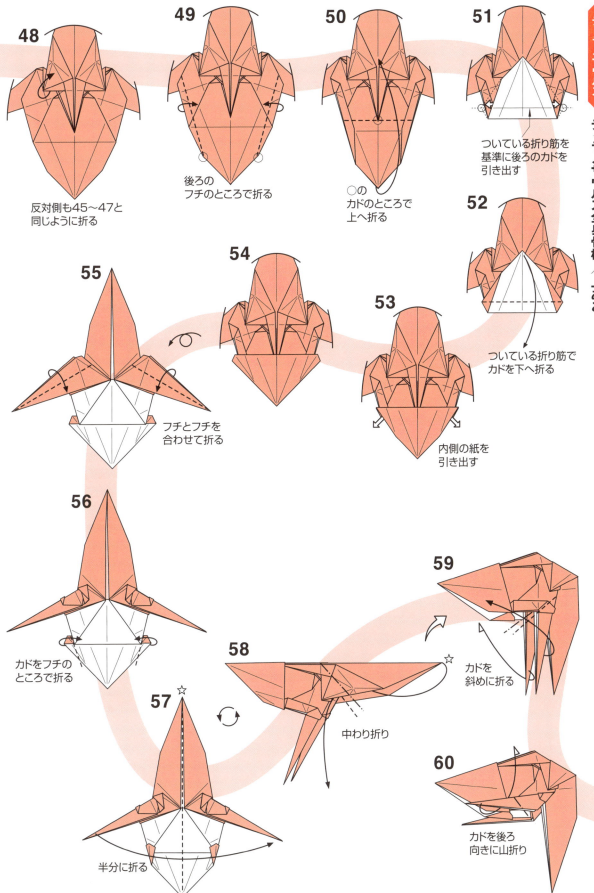

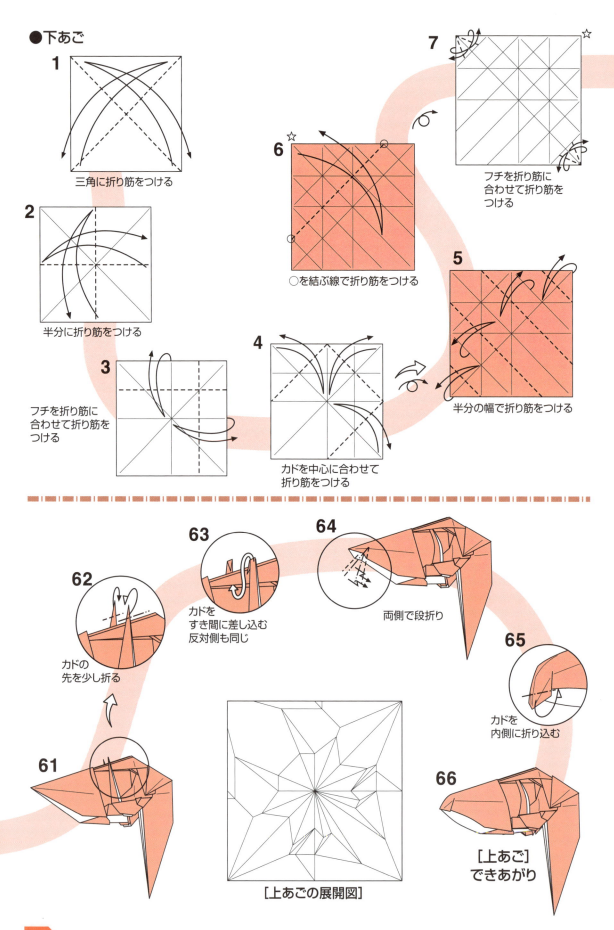

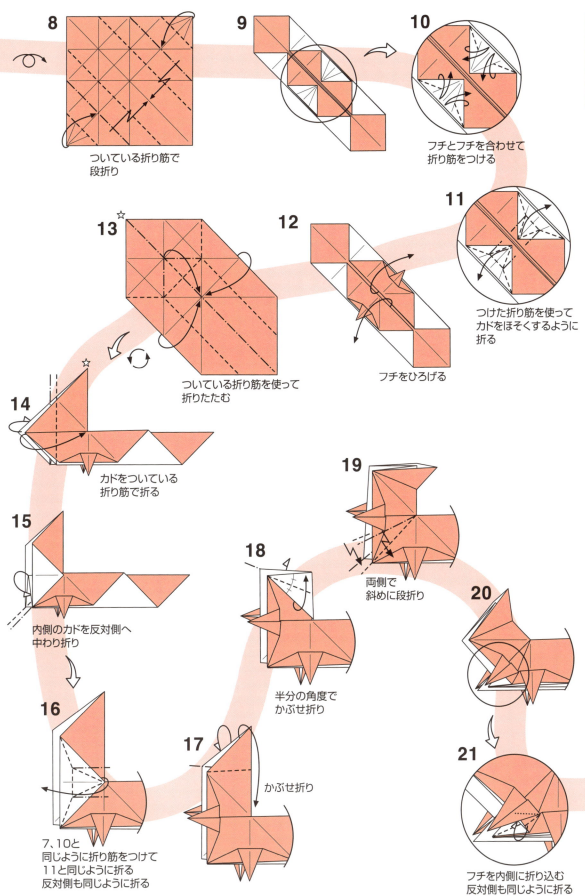

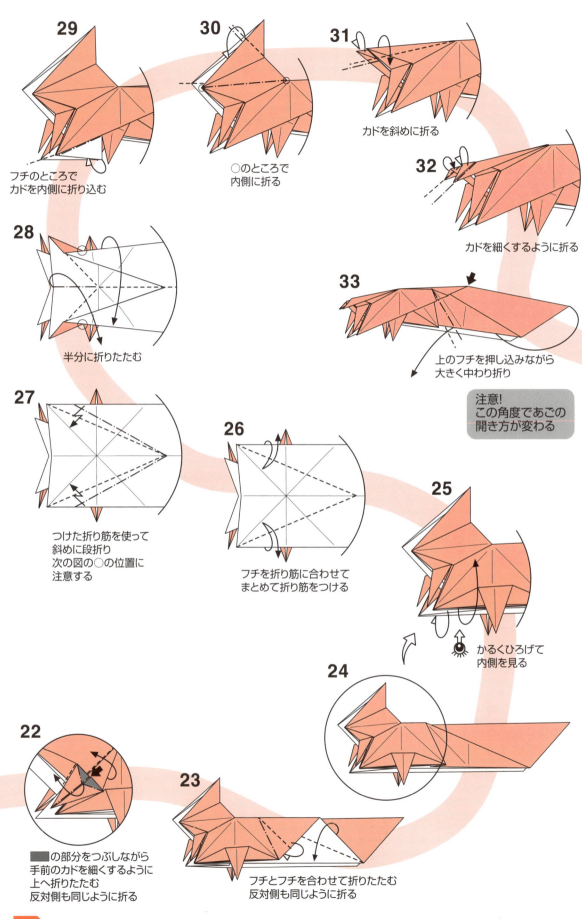

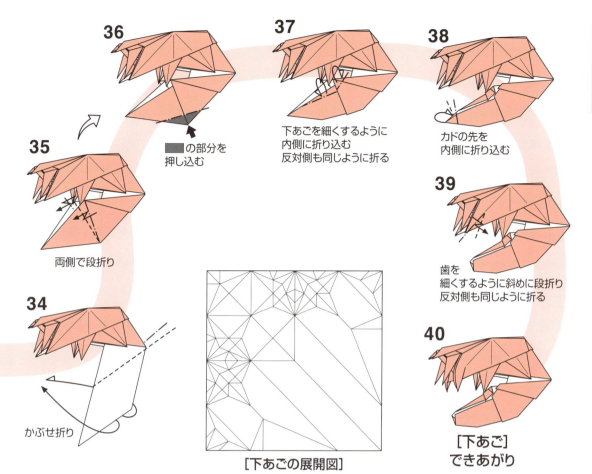

●頭の骨の組み立て方

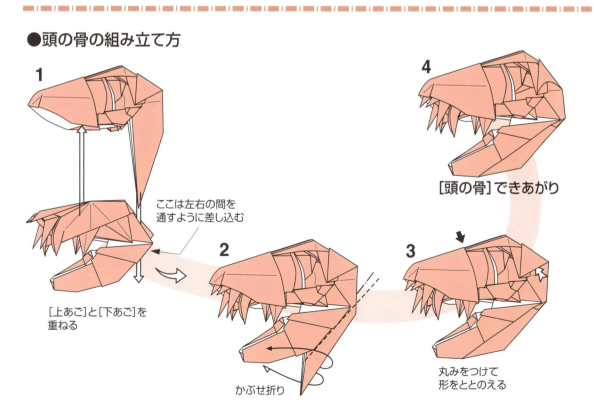

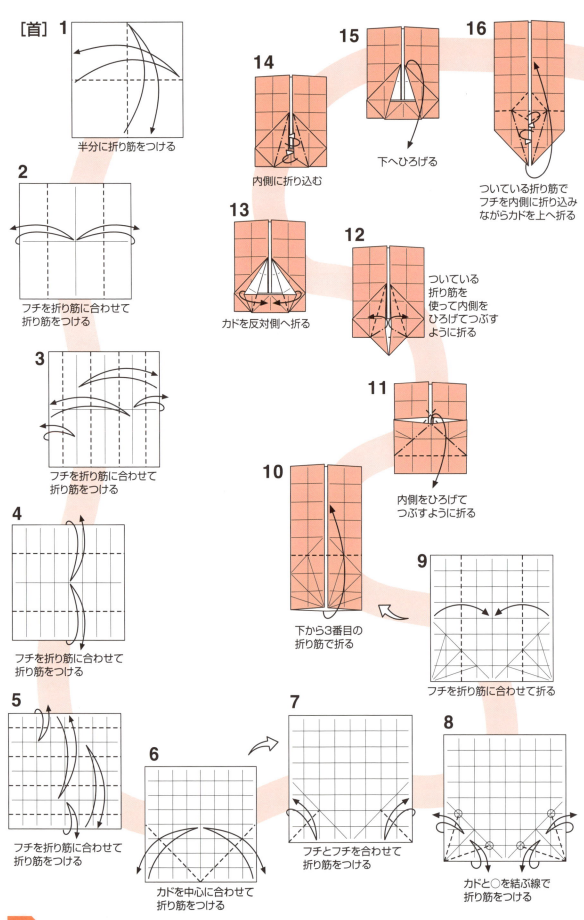

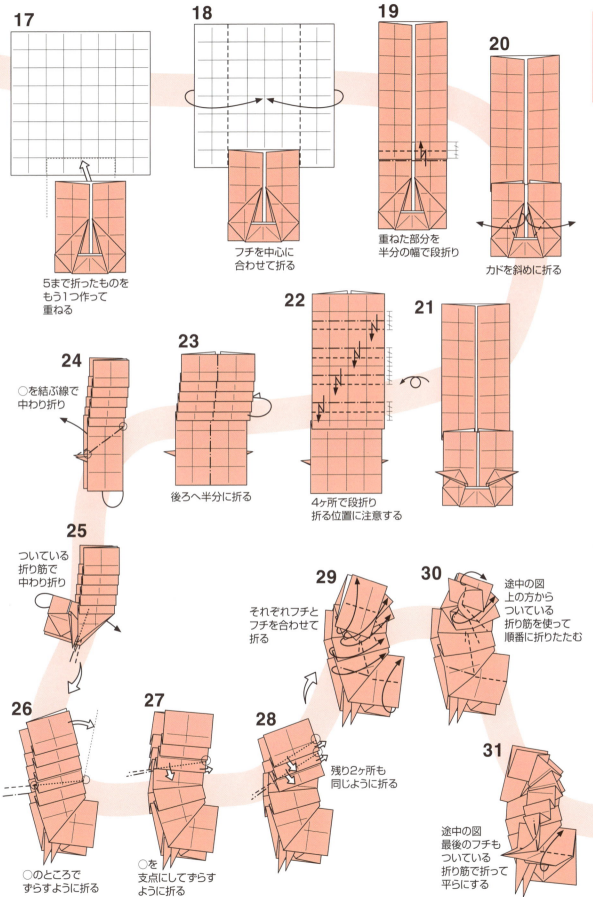

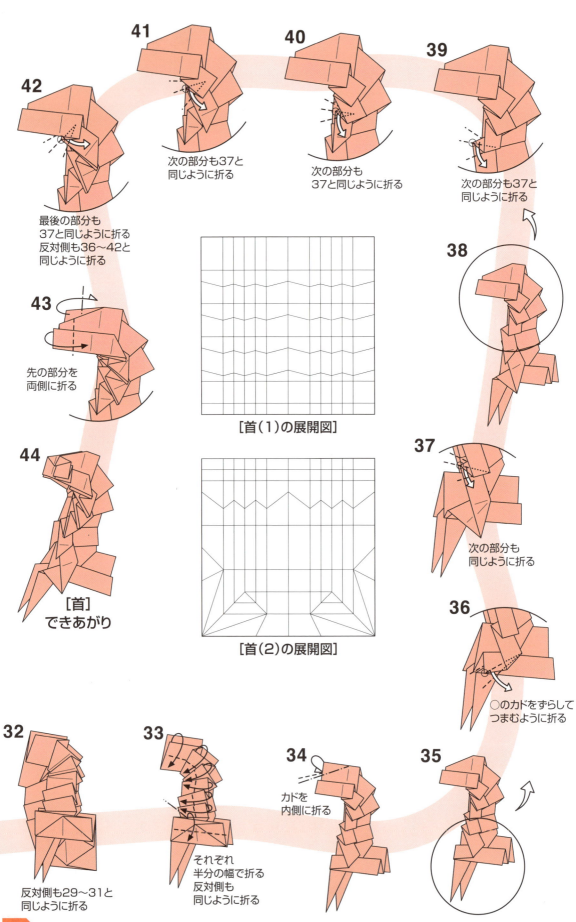

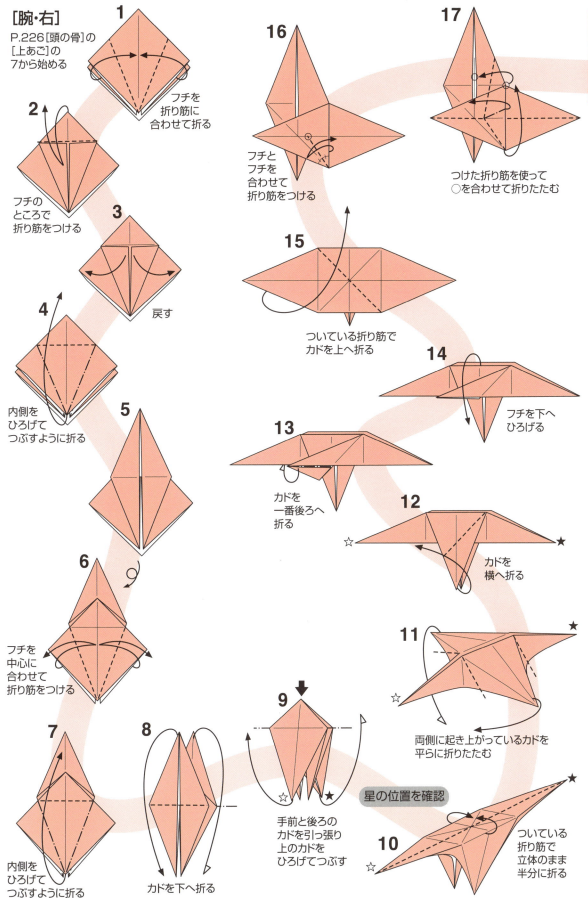

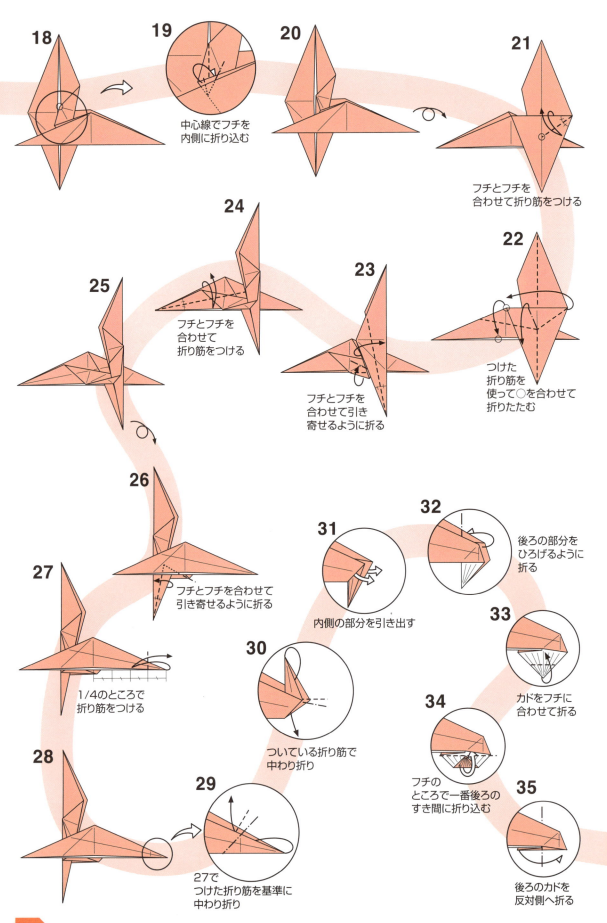

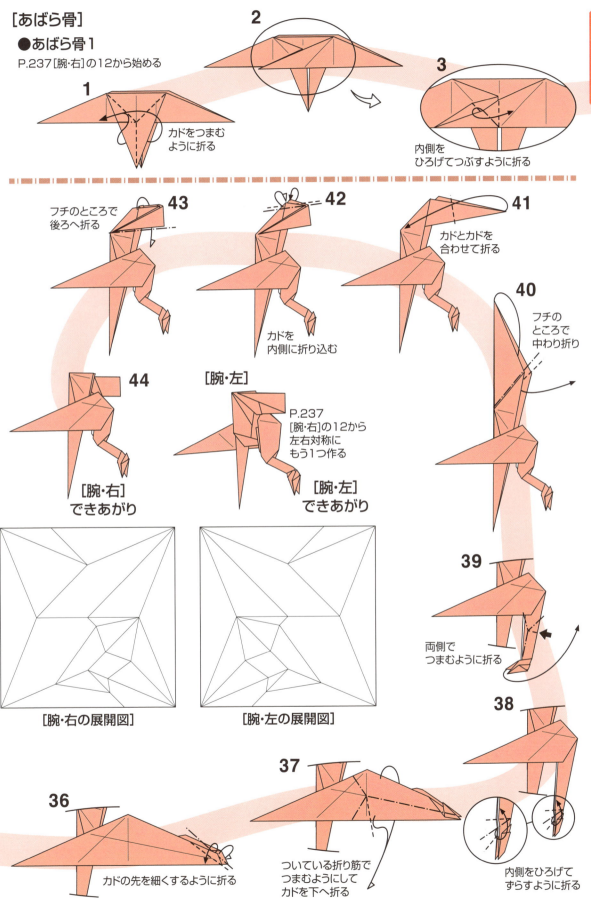

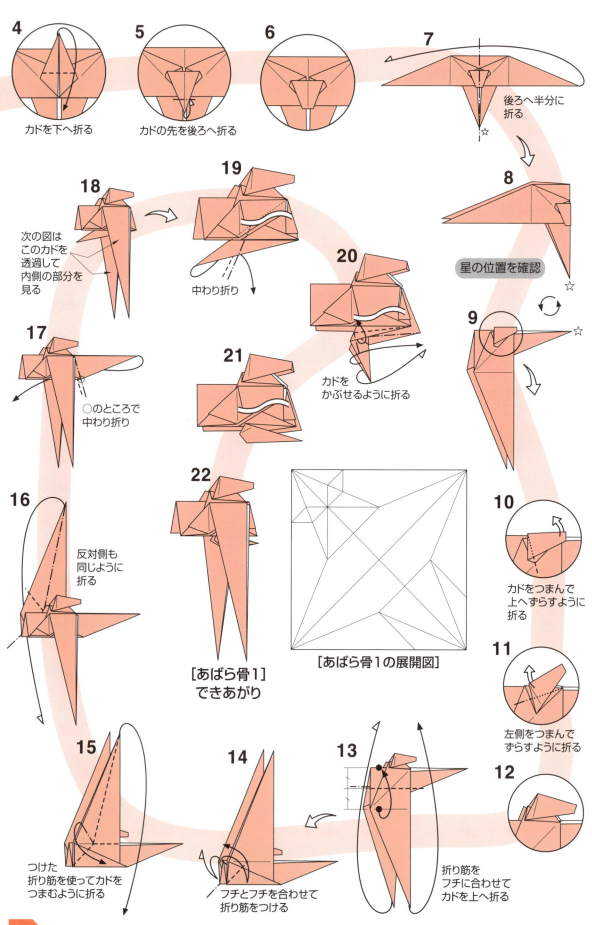

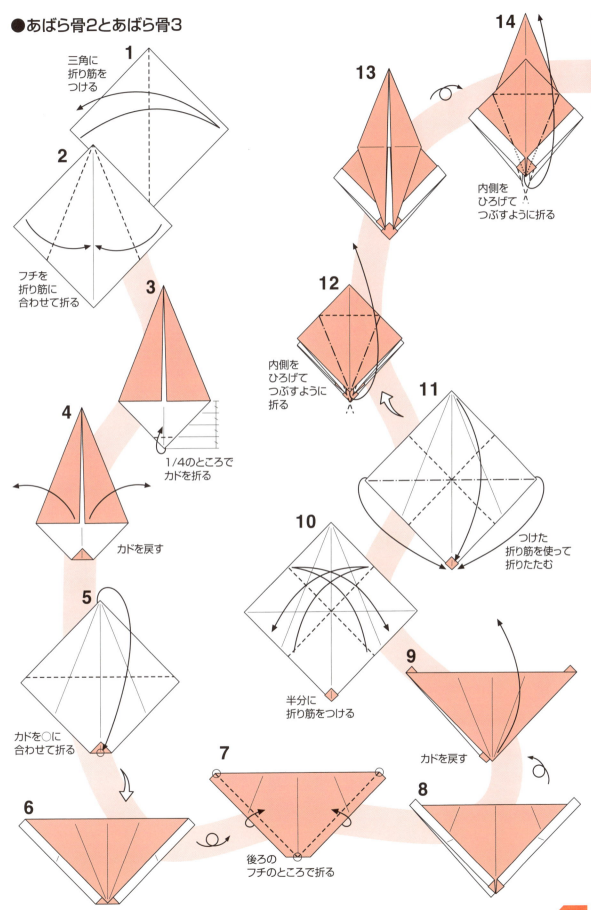

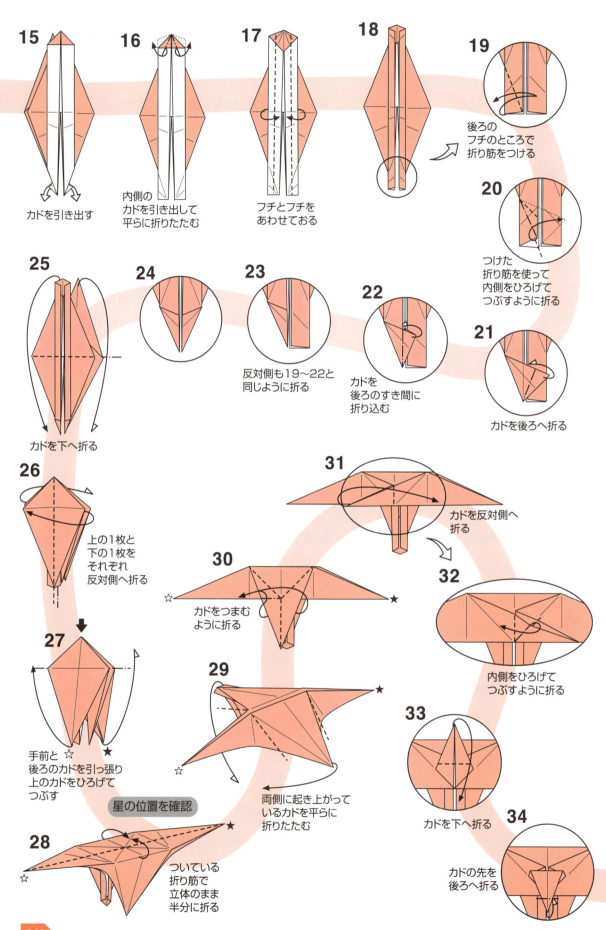

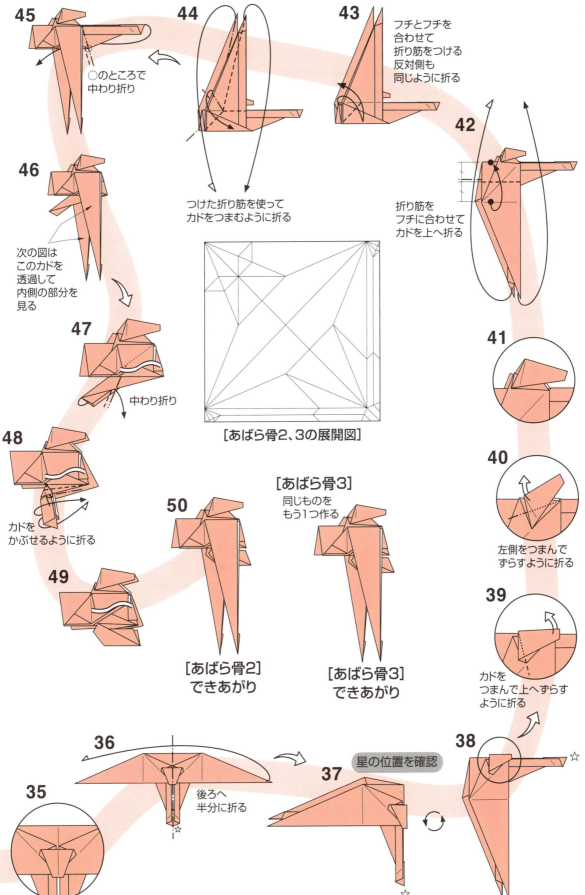

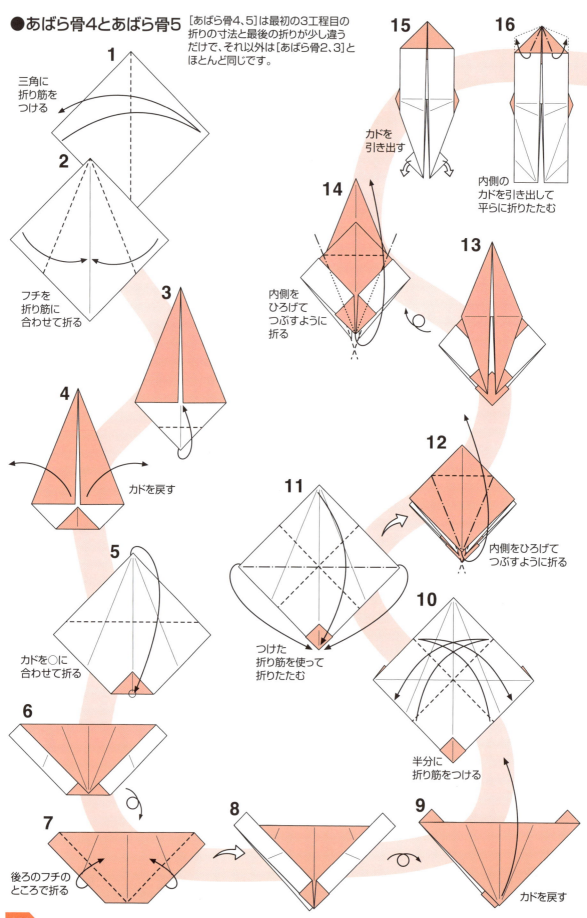

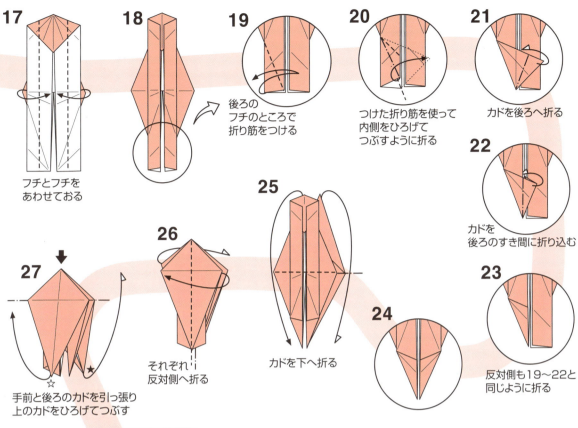
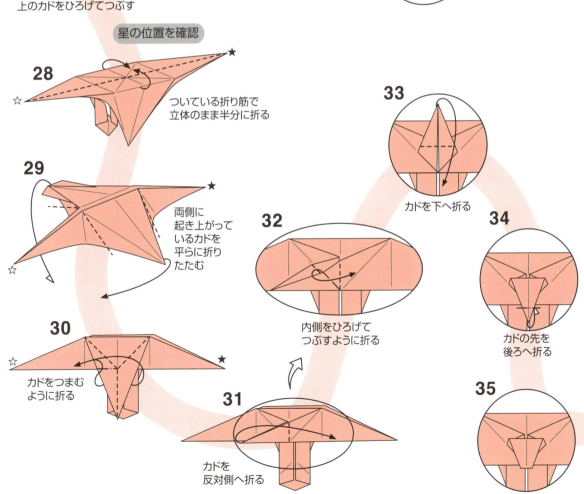

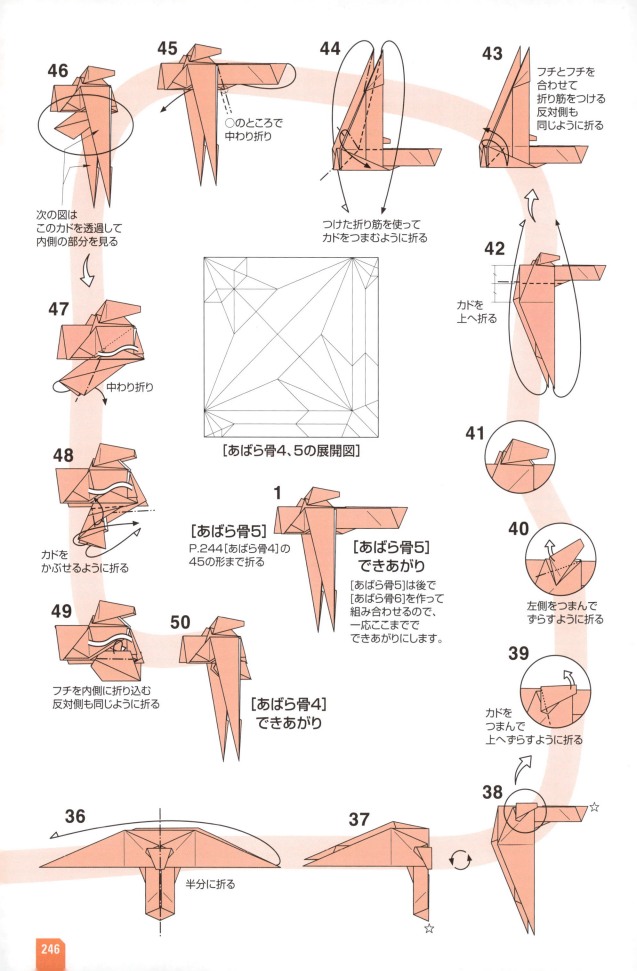

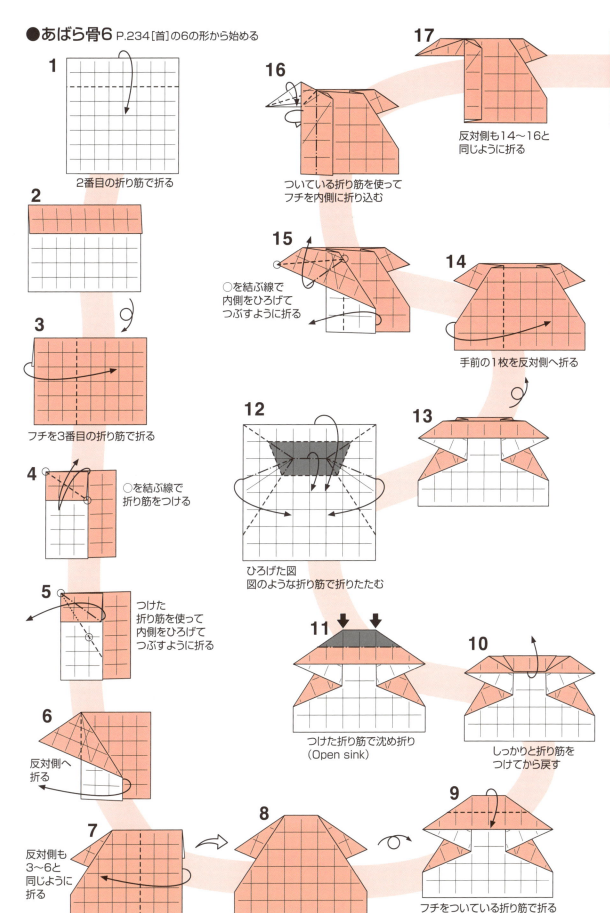

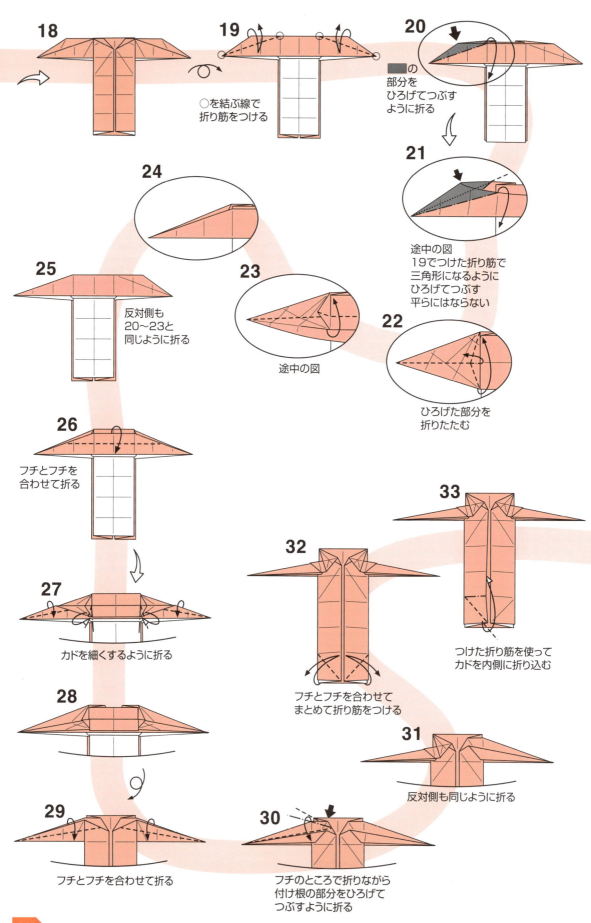

●あばら骨の組み立て方

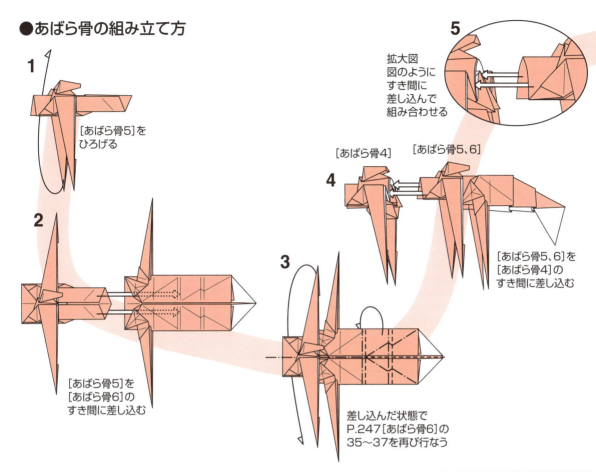

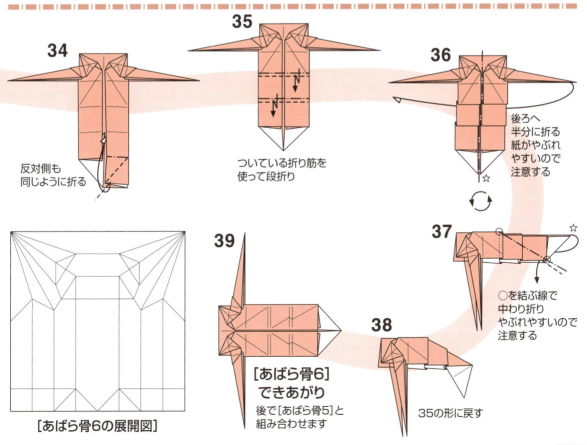

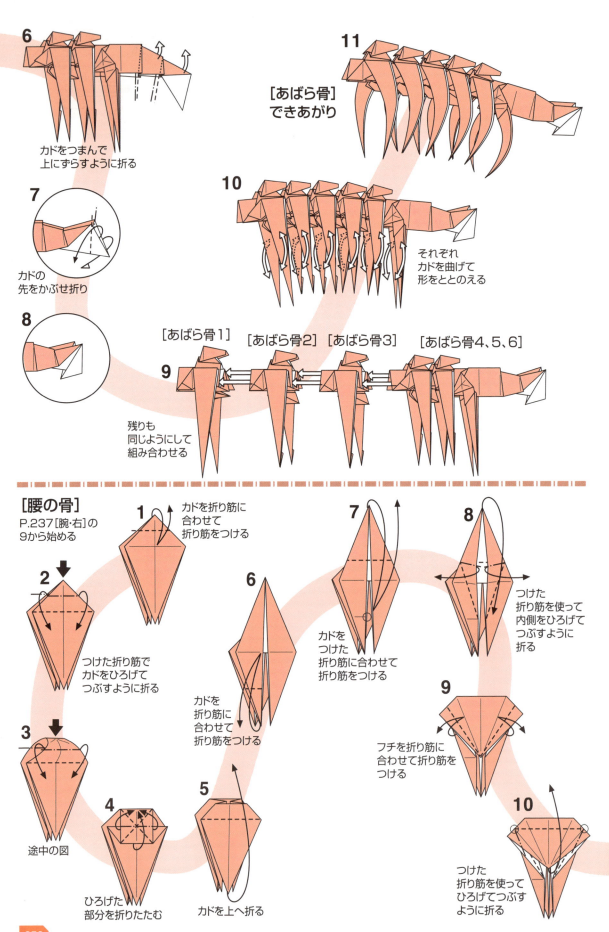

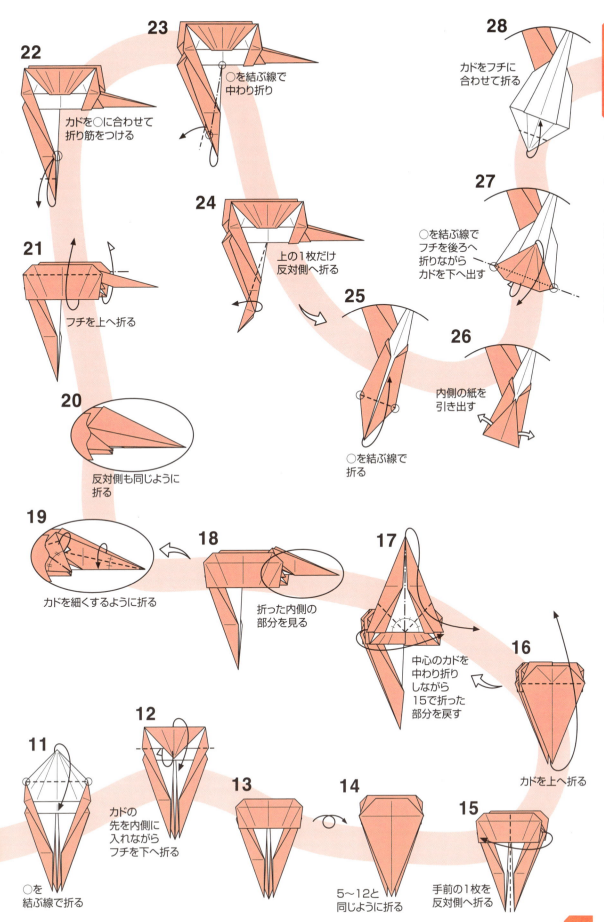

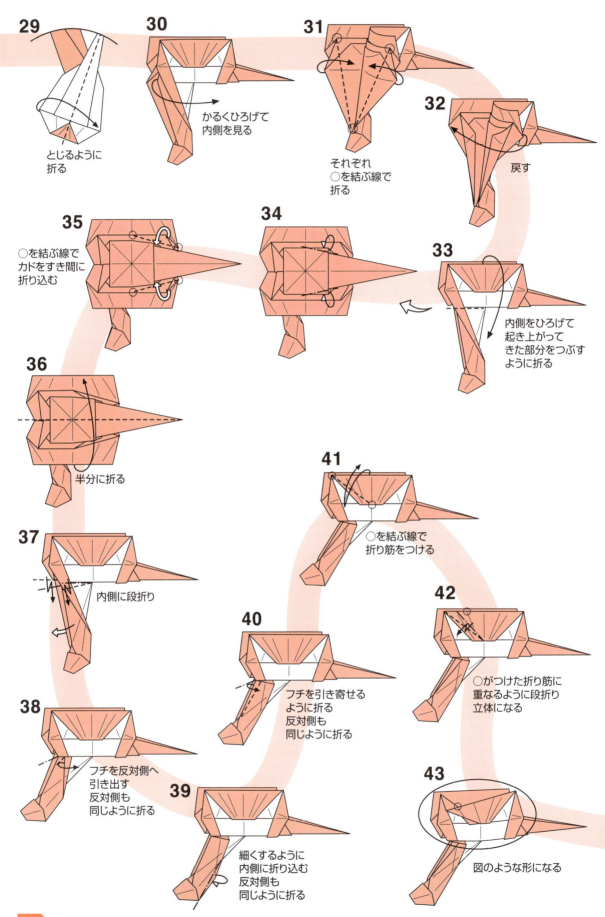

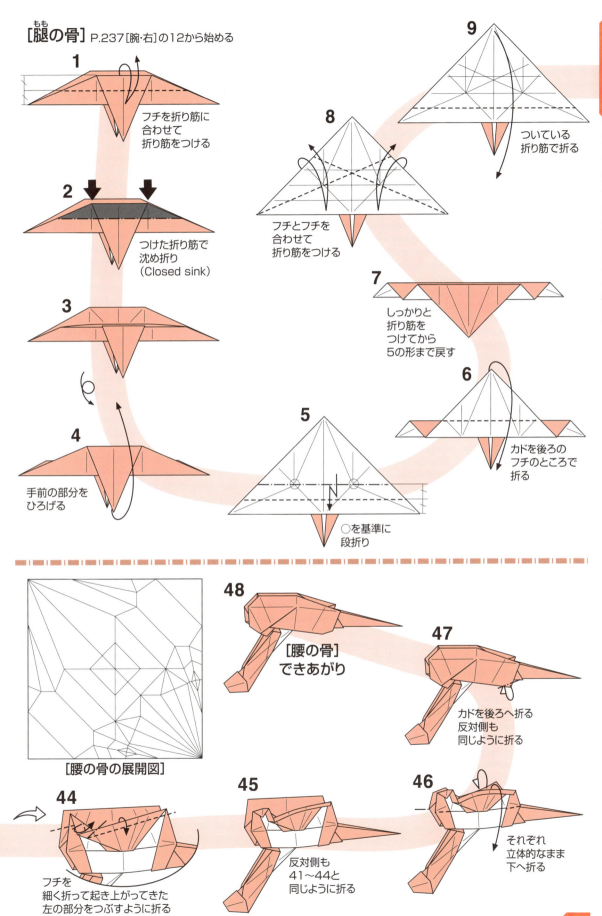

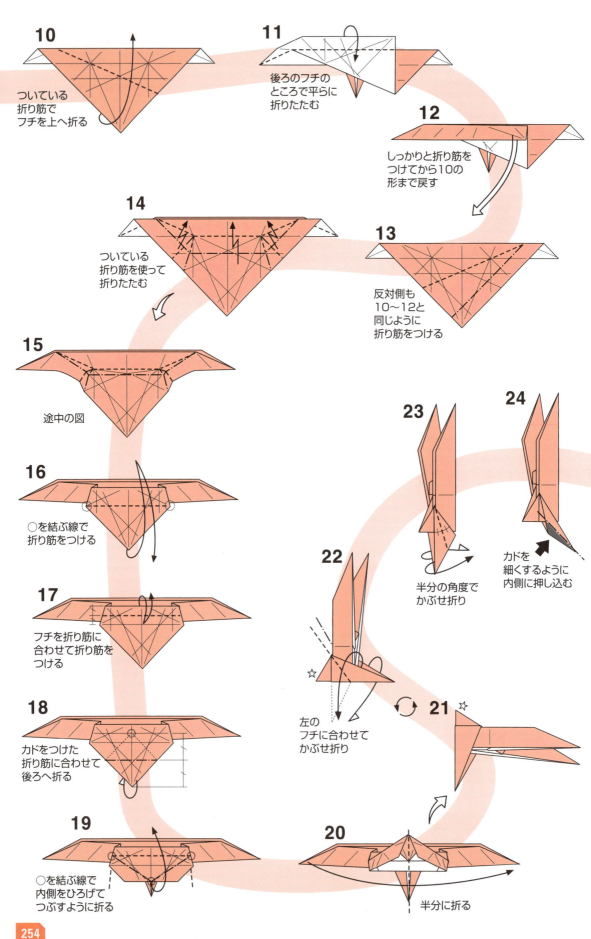

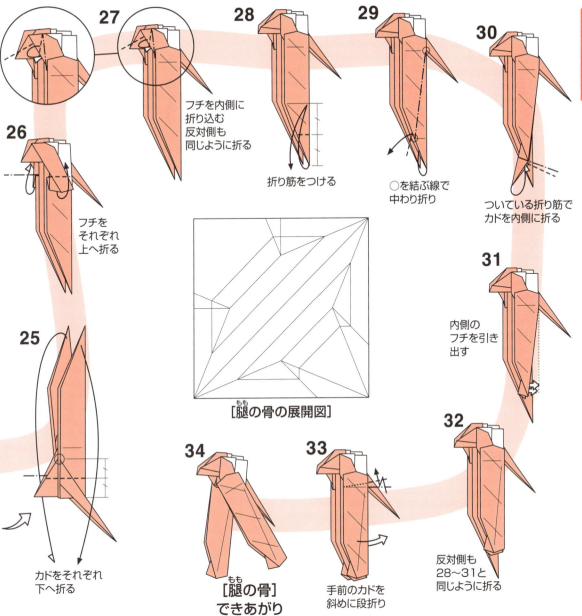

[脛の骨]

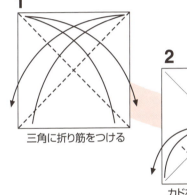

1. 三角に折り筋をつける
2. カドを中心に合わせて印をつける
3. カドをつけた印に合わせて折る

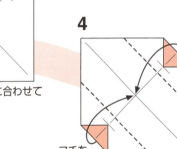

4. フチを折り筋に合わせて折る

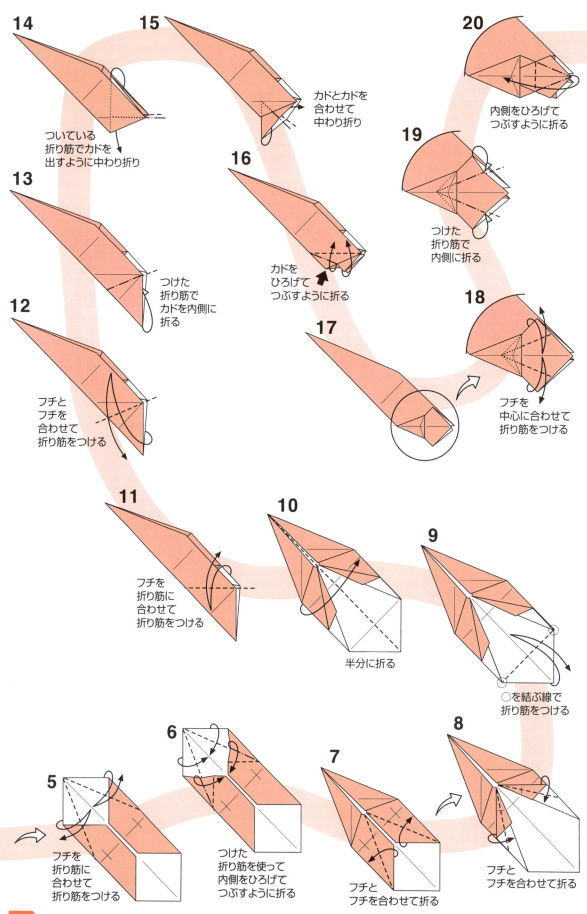

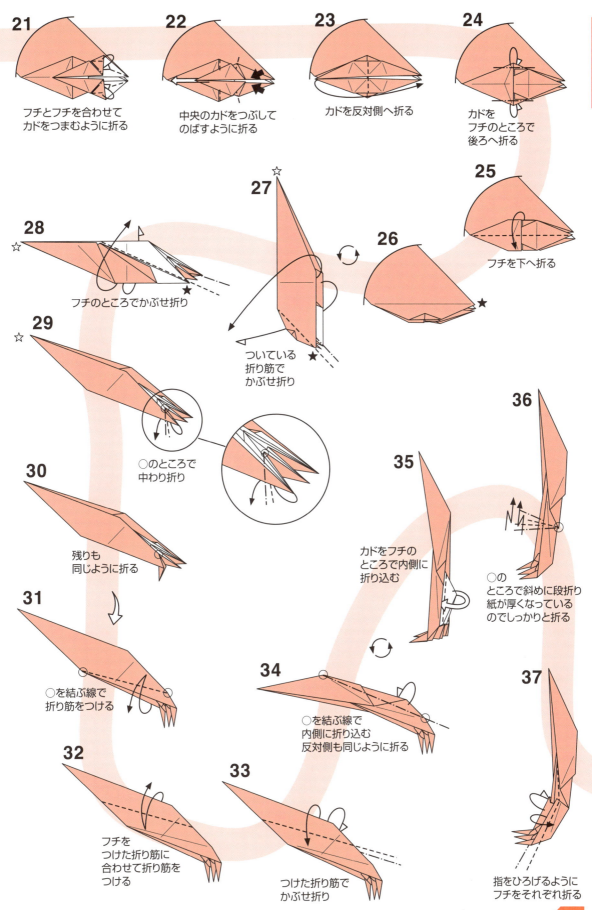

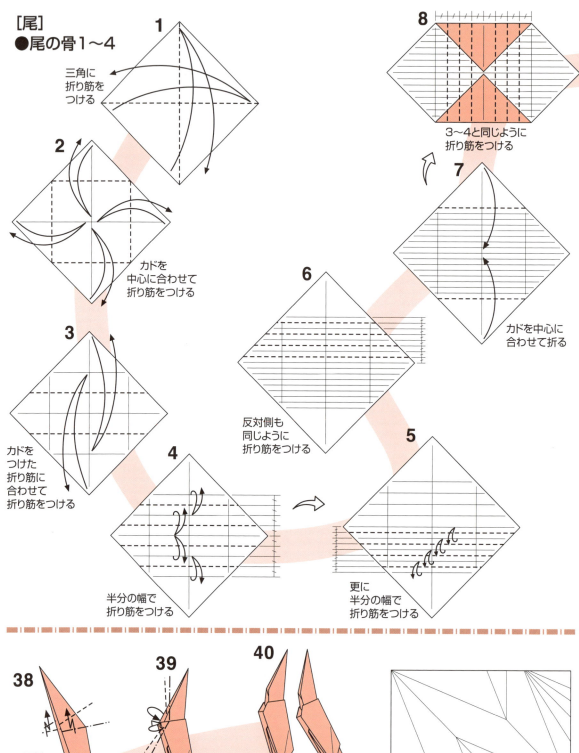

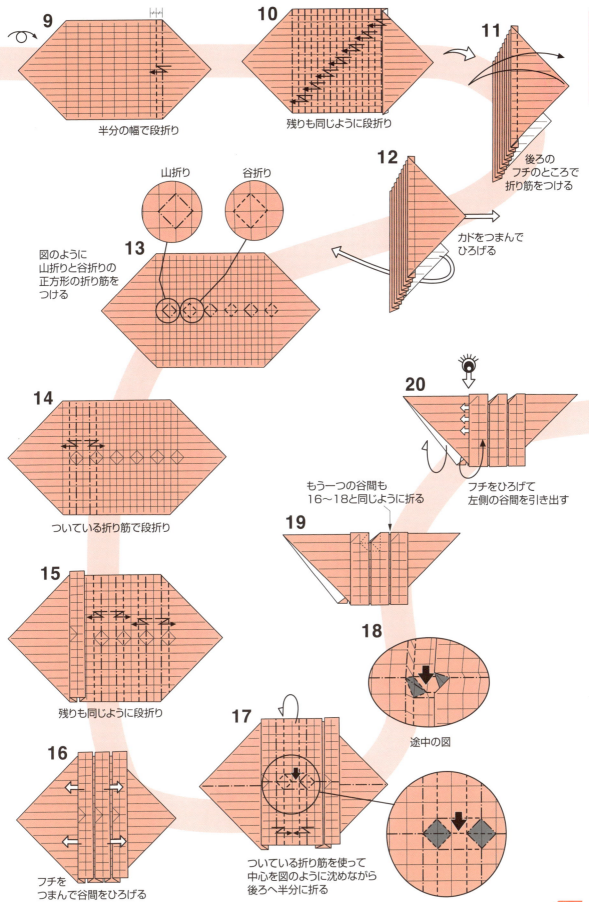

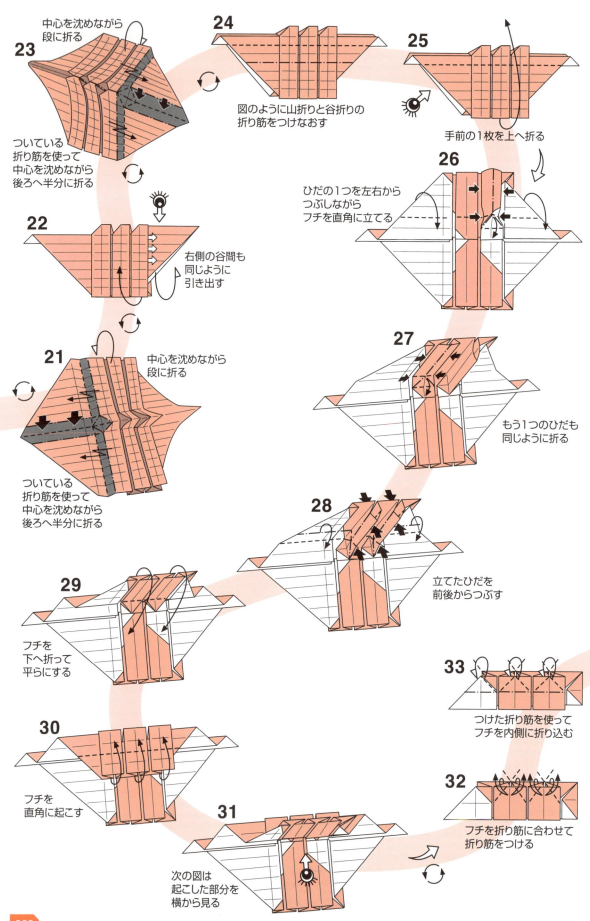

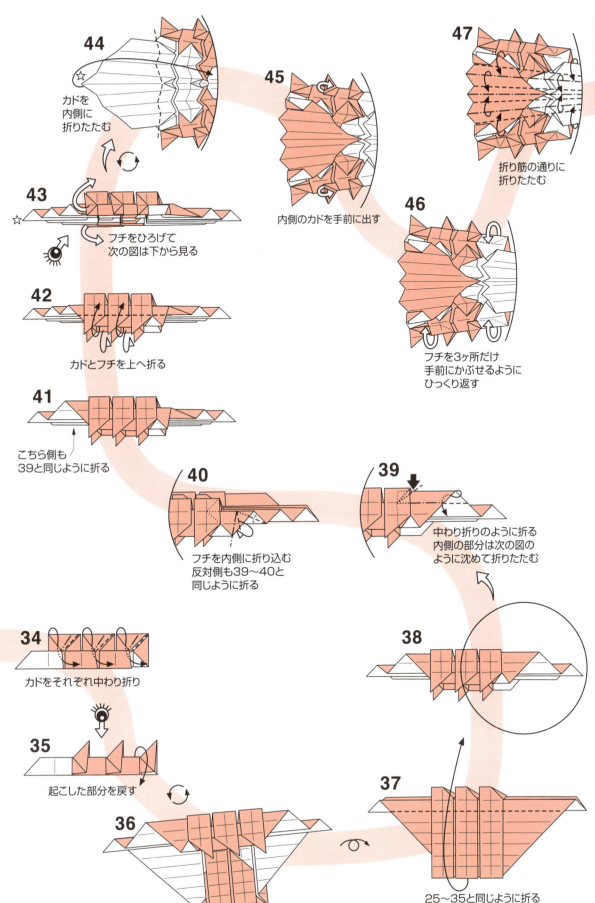

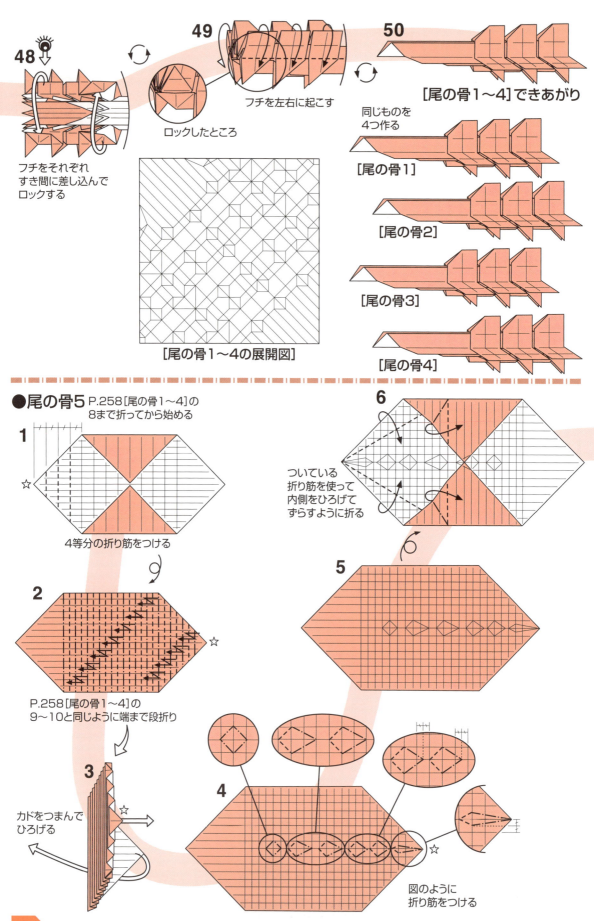

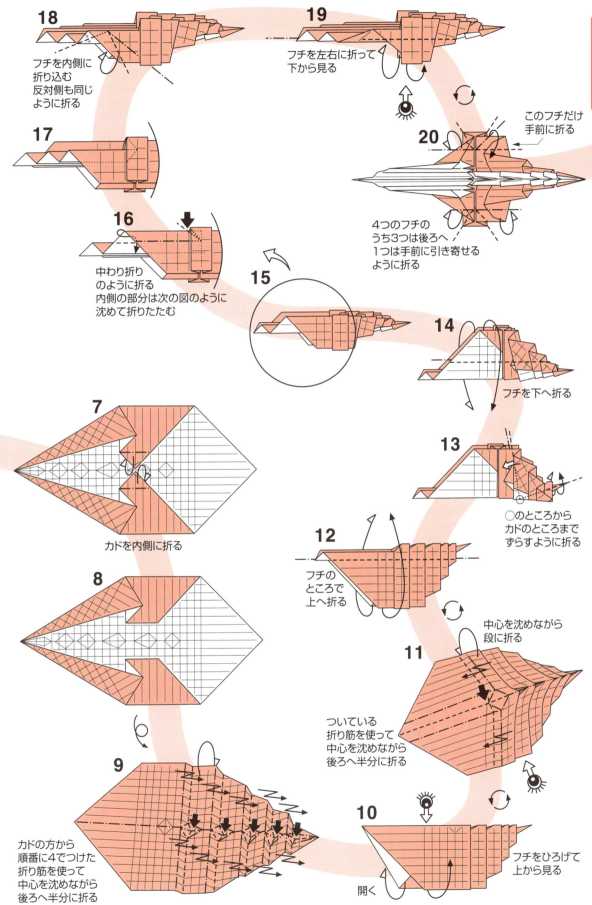

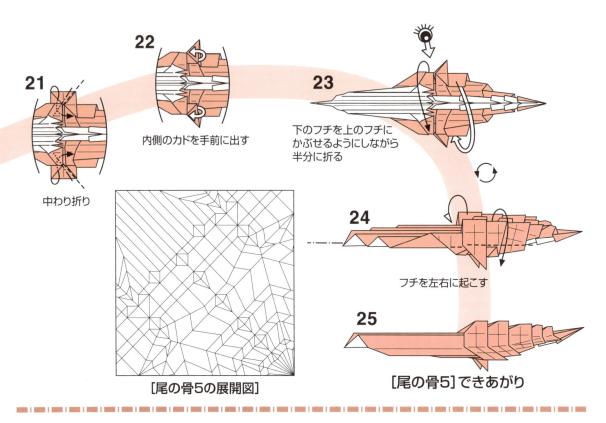

●尾の骨の組み立て方

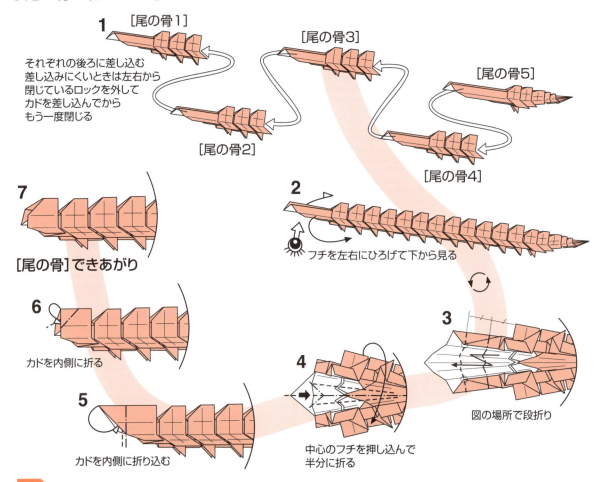

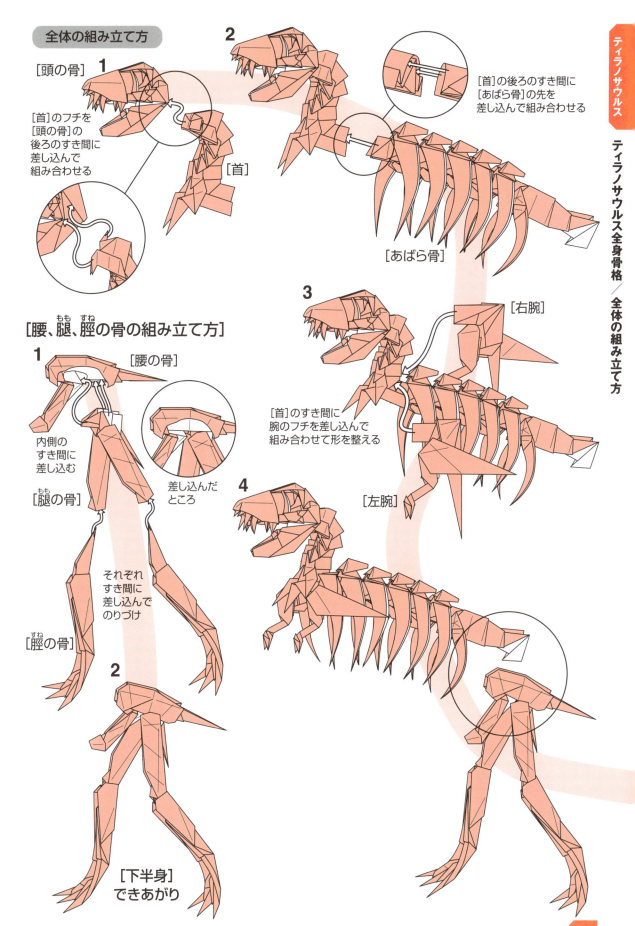

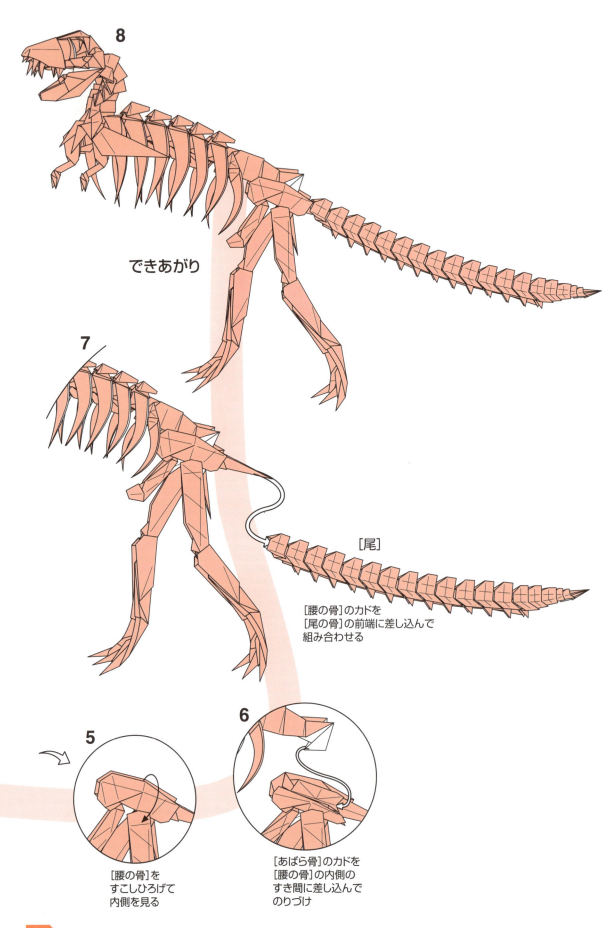

台の作り方　その1

作品が大きくなるときは強度が弱くなるので針金を通します
（場合によっては脚やあばらにも入れます）

いちばん前の支柱だけ先端を左右から削る

支柱を立てる

木の板等の台

丸い穴を開ける

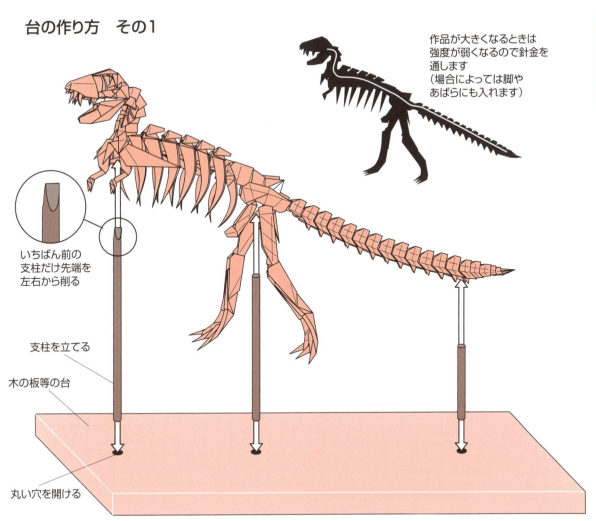

固定が終わったらできあがり

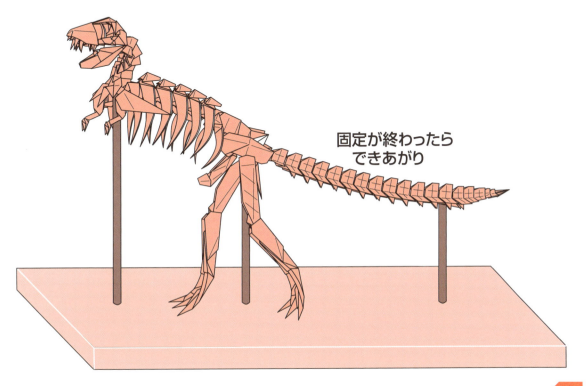

ティラノサウルス全身骨格／台の作り方

台の作り方　その2

P.267のように台に丸い穴を開けるのが困難な場合
図のように四角い支柱をまわりから別の板で支えてのりづけします

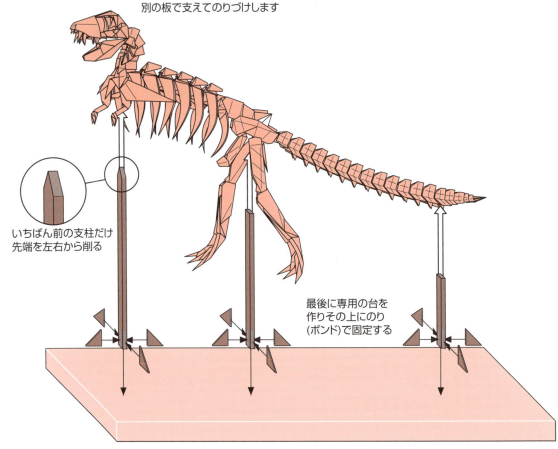

いちばん前の支柱だけ
先端を左右から削る

最後に専用の台を
作りその上にのり
(ボンド)で固定する

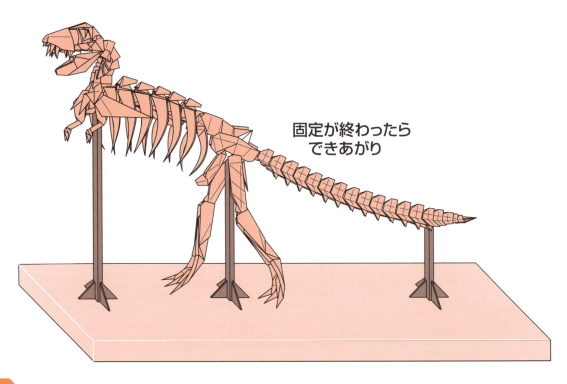

固定が終わったら
できあがり

用語集（50音順）本書に出てくる折り紙専門用語

あじさい折り／P.84
たくさんの折り筋を使ってあじさいのような模様を折り出した、藤本修三氏の作品群、あるいはその技法のこと。

インサイドアウト
紙の表と裏の2色を作品中に出すこと、あるいはその技法のこと。

裏打ち／P.32
紙の裏側に別の紙を貼り合わせること。補強や裏側の色を変えるために行われる。

おりがみ新世代／P.90
若手の作家・愛好家を中心に運営されているWEB掲示板サイト。あるいはそこに集まる若手世代のこと。

Open sink（オープン・シンク）→P.30 参照

折り図
折り紙の折り方を解説した図。

折紙探偵団新聞／P.61
日本折紙学会の前身であるグループ、「折紙探偵団」の機関誌。

かぶせ折り→P.28 参照

花弁折り（かべんおり）→P.29 参照

『季刊をる』／P.167
1993年から1997年まで発行された「折る文化」をテーマにした大人向けの雑誌。

基本形／P.167
複数の作品に共通する基本の形。風船基本形、鶴の基本形、魚の基本形などがある。

ギャラリーおりがみはうす
本書の著者である「山口真」の個人事務所であり、日本で最初の折り紙専門展示場。1989年設立。

ぐらい折り
「これくらい」として明確な基準が無い折りのこと。

Closed sink（クローズド・シンク）→P.30 参照

コンプレックス作品
複雑（コンプレックス）な作品のこと。

座布団小鳥の基本形／P.90
正方形のカドを中心に合わせて折る「座布団折り」の形から、さらに伝承の小鳥の基本形を折った形のこと。

沈め折り→P.30 参照

蛇腹折り
縦と横に等分の折り筋をつけること。またはその折り筋を使って折りたたむ技法。

段折り→P.29 参照

つまみ折り→P.29 参照

鶴の基本形
折り紙の基本形の一種。伝承作品の「鶴」を折る途中の細長い菱型の状態のこと。

TVチャンピオン／P.73
1992年から2006年までテレビ東京系列で放送されていた人気番組。「全国折り紙王選手権」が7回行われている。

展開図
作品の基本的な形を折ったときに、ついている折り線を描画したもの。作品の構造を把握することができる。

中わり折り→P.28 参照

日本折紙学会
（Japan Origami Academic Society: JOAS）
1990年に前身であるグループ「折紙探偵団」を結成。1999年に会の名称を「日本折紙学会」と改称。折り紙の専門研究と折り紙の普及の促進、ならびに、それらを通しての広く国内外の折り紙愛好家との交流の促進を目的とする団体。詳しくは日本折紙学会のHPを参照。
http://www.origami.gr.jp/

ねじり折り／P.55
中心の部分を回転させてねじるように折る技法。

複合作品
複数の紙を用いて作られた作品のこと。

不切正方一枚折り
1枚の正方形の紙から切らずに作品を折る技法、あるいはその作品のこと。

両側で段折り→P.29 参照

Profile 作家プロフィール

国内作家

大内康治（おおうち　こうじ）
1987年生まれ。幼少の頃から折り紙を好む（知育教育という親の企みにまんまと引っかかったことが最近判明した）。超絶技巧の創作作品を某テレビ番組で見て度肝を抜かれた世代だが、創作を志したのはかなり後で18歳頃。IT企業に4年勤めた後、大学院博士後期課程に入学。片手間の趣味であった折り紙を研究題材へとランクアップ（ダウン？）させた。

勝田恭平（かつた　きょうへい）／おりがみはうすスタッフ
1986年生まれ。3～4才の頃に母から折り紙を教わり、以来折り続けて現在に至る。中学生の時分から自作品の創作を始め、同じ頃折紙探偵団（現 日本折紙学会）のメンバーとなる。主な創作対象は生物全般。好きな生物はニワトリ。現在はこれまであまり使われてこなかった技法や新しい視点からの作品が創作できないかを模索中。

神谷哲史（かみや　さとし）／おりがみはうすスタッフ
1981年生まれ。愛知県名古屋市出身。物心つく前から折り紙をはじめ、それから現在まで、ブランクなしで折り紙と付き合っている。現在、折り紙の可能性と限界との境界線を探して創作活動を続ける。著書に『神谷哲史作品集』、『神谷哲史作品集2』（おりがみはうす）、『神谷流創作折り紙に挑戦！―創作アイデアの玉手箱』（ソシム）がある。

川畑文昭（かわはた　ふみあき）
1957年長野県生まれ。幼少の頃から折り紙に親しみ、中学～高校より独学で創作折り紙を始める。1983年日本折紙協会入会を機に創作折り紙を継続的に発表し、現在に至る。1999年日本折紙学会創設に参加。主な創作分野は、恐竜、動物、昆虫、空想の生物などの生物類であるが、幾何学作品やユニット作品も手掛ける。作品創作にあたっては、常に「こだわり」を入れる事を心掛け、国内、海外で多くの作品展示も実施。著書に『空想おりがみ』（おりがみはうす）、『恐竜のおりがみ』（誠文堂新光社）等多数。

木村良寿（きむら　よしひさ）
1959年東京生まれ。中学生の時に創作を始める。当時の作品は今で言うキャラクター物が大部分だったが、最近の作品は「はこどうぶつ」シリーズなど。今回掲載した2作品の作風が造形としては最も好みだが、ここしばらくご無沙汰している。

小笹径一（こざさ　けいいち）
1963年東京都生まれ。現在全年齢対応の福祉施設勤務。時折、職場地域の新聞やケーブルテレビに取り上げられることもありました。今はシンプル系の作品を職場向けに創作しています。

小松英夫（こまつ　ひでお）
1977年生まれ。折り紙作家、折り紙研究家。日本折紙学会評議員。日本折紙学会機関誌『折紙探偵団マガジン』にて新作折り図、評論等を発表するほか、インターネットでの情報発信にも意欲的に取り組む。著書に『小松英夫作品集』（おりがみはうす、2012年）。公式サイト「折り紙計画」URL: http://origami.gr.jp/~komatsu/

笹出晋司（ささで　しんじ）
1965年生まれ。放送局勤務。好きなもの：旅行と温泉とビール。苦手なもの：蛇腹折り（なかなか上手く折れない）。作品が思い通りに仕上がったあとビールで一杯やるのが最高の時間の過ごし方です。

津田良夫（つだ　よしお）
小学生のころから折り紙に親しむ。折り紙歴50年。昆虫、特に蚊の生態を研究する昆虫学者で、昆虫や鳥類など動物を対象にした作品が多い。不切一枚折りで伝統的な基本形を基にしたシンプルな作品から蛇腹折りを用いた複雑な作品まで、様々な作品がある。平面的な作品よりも、立体的な作品を好む。日本折紙学会評議員。著書『創作折り紙をつくる』（大月書店、1985年）

西川誠司 (にしかわ　せいじ)
1963年生まれ。奈良県出身。東京農工大学卒業。農学博士。幼少より創作折り紙に魅了され、1980年頃から専門誌に新作を投稿。1990年に現在の日本折紙学会の前身である折り紙愛好家グループ折紙探偵団を立ち上げたメンバーのひとり。2014年に東京で開催された第6回折り紙の科学・数学・教育国際会議では組織委員として大会の運営に協力した。日本折紙学会評議員代表。

藤本修三 (ふじもと　しゅうぞう)
大正11年(1922年)10月27日生まれ。大阪府出身、旧制浜松高等工業応用化学科卒(現：静岡大学工学部)。化学会社勤務後、兵庫県立篠山鳳鳴高等学校理科教諭、兵庫県立有馬高等学校、兵庫県立三木高等学校教諭。平成27年(2015年)7月28日大阪府箕面市の老人ホームで老衰のため死去。人生のほとんどを兵庫県篠山市郡家で過ごす。著書に『創造性を開発する、立体折り紙』(新写植出版、1976年)、『創造する折り紙遊びへの招待』藤本修三・西脇正巳(共著)(自費出版、1982年)等

北條高史 (ほうじょう　たかし)
栃木県生、東京都在住。製薬会社勤務。日本折紙学会評議員。仏像・神像など、洋の東西と時代を問わず立体の人物像に興味を持ち、折紙作品の主な題材としています。ホームページ「現代折り紙」(http://origami.gr.jp/~hojyo/index.htm)に作品を掲載。

前川 淳 (まえかわ　じゅん)
1958年東京生まれ。代表作「悪魔」。著書『本格折り紙』(日貿出版社、2007年)、『折る幾何学』(日本評論社、2016年)等。作品の創作だけでなく、折り紙の数学、科学、歴史などの研究、折鶴に関するグッズのコレクションもライフワークにしています。好きな作品は、アイデアがあるものや、幾何学的に明快なものです。日本折紙学会評議。

吉野一生 (よしの　いっせい)
1964年埼玉生まれ。中学生の頃より創作を始める。1989年「ギャラリーおりがみはうす」にて、木村良寿氏、西川誠司氏らと共に「恐竜おりがみ三人展」を開き、好評を博す。また「恐竜おりがみ三人展」がきっかけで「折紙探偵団(現・日本折紙学会)」が設立された。若手のリーダー的存在で、将来を期待された好青年であったが、3代目団長であった平成8年8月11日、癌のため死去。亨年32才の若さだった。

海外作家

Sipho Mabona (シッポ・マボナ)
5歳の頃に折り紙の飛行機に出会い、以来15年間紙飛行機を折り続けていたが、2000年から創作作品を作り始め、Asicsの企業映画「Origami in the Perfect」のために作品を制作したり、世界中のギャラリーや博物館で展示を行う。その作品は具象的で複雑な作品から抽象的、幾何学的な作品まで幅広くカバーする。スイス在住。

Quentin Trollip (クエンティン・トロリップ)
南アフリカ生まれ、現在は家族と共にカナダ在住。15年以上、折り紙の創作を行っている。好きな題材は写実的な動物で、多くの作品を創作し、世界各国の機関誌や書籍で発表している。著書に『クエンティン・トロリップ折り紙作品集』(おりがみはうす、2016年)、『Origami Sequence』(SARL Passion Origami)がある。

Ronald Koh (ロナルド・コウ)
60年代に、ロバート・ハービンが出演していた"Mr Left & Mr Right"というTV番組を観て折り紙を始める。その後、ハービンの著書『Secrets of Origami』を手にいれ、本格的にのめり込む。折り紙において好きな題材は動物で、生物学的なリアルさだけでなく動きや感情なども表現するよう心がけている。

Herman Van Goubergen (ヘルマン・ヴァン・グーベルジャン)
ベルギーのアントワープ在住のプログラマー。竹川青良氏の作品に大きな感心がある。折り紙以外では数学、パズル、手品等に興味があり、そのため作品にはしばしば他人を驚かすような要素、変わった動きや錯視、実際にはないものを想起させるような工夫が取り入れられている。また、それらをできるだけ効率よく作ることを心がけている。

◆著者
山口 真（ヤマグチ マコト）
1944年、東京生まれ。日本折紙協会事務局員を経て折り紙作家として活躍。1989年、折り紙専門のギャラリー「おりがみはうす」を開設。ここを拠点に若手作家の育成、海外の折り紙団体や作家との精力的な交流を行っている。日本折紙学会事務局長。『折紙探偵団マガジン』編集長。OrigamiUSA永久会員。British Origami Society会員。韓国折紙協会名誉会員。著書は『決定版！日本のおりがみ12か月』『暮らしの折り紙雑貨』（ナツメ社）、『飾れる！贈れる！かわいい花の折り紙』（PHP研究所）、『写真でわかる 決定版 おりがみ大百科』（西東社）、『たのしい折り紙全集』（主婦と生活社）など130冊を超える。

ギャラリーおりがみはうす
日本で最初のおりがみ専門の展示場です。常時おりがみ作品の展示を行っています。
〒113-0001 東京都文京区白山1-33-8-216　TEL 03-5684-6040
（平日 月～金12:00～15:00、土日・祭日10:00～18:00／入場無料）
※公開時間は変更される場合があります。ウェブサイトにてご確認ください。
地下鉄・都営三田線白山駅下車 A1出口前
e-mail:info@origamihouse.jp
URL:http://www.origamihouse.jp

◆スタッフ紹介
折り図／おりがみはうす
編集／梅津愛美（ナツメ出版企画）
撮影／安田仁志
デザイン／小藺加奈子（釣巻デザイン室）

本書に関するお問い合わせは、書名・発行日・該当ページを明記の上、下記のいずれかの方法にてお送りください。電話でのお問い合わせはお受けしておりません。
・ナツメ社webサイトの問い合わせフォーム
https://www.natsume.co.jp/contact
・FAX(03-3291-1305)
・郵送(下記、ナツメ出版企画株式会社宛て)
なお、回答までに日にちをいただく場合があります。正誤のお問い合わせ以外の書籍内容に関する解説・個別の相談は行っておりません。あらかじめご了承ください。

秀麗（しゅうれい）な折り紙（おりがみ）

2017年 7 月24日　初版発行
2024年12月10日　第13刷発行

著　者　山口 真（やまぐち まこと）
発行者　田村正隆

©Yamaguchi Makoto, 2017

発行所　株式会社ナツメ社
東京都千代田区神田神保町1－52　ナツメ社ビル1F（〒101-0051）
電話 03-3291-1257（代表）　FAX 03-3291-5761
振替 00130-1-58661
制　作　ナツメ出版企画株式会社
東京都千代田区神田神保町1－52　ナツメ社ビル3F（〒101-0051）
電話 03-3295-3921（代表）
印刷所　ラン印刷社

ISBN978-4-8163-6301-6
Printed in Japan

〈定価はカバーに表示してあります〉
〈乱丁・落丁本はお取り替えします〉

本書の一部または全部を著作権法で定められている範囲を超え、ナツメ出版企画株式会社に無断で複写、複製、転載、データファイル化することを禁じます。

ナツメ社Webサイト
https://www.natsume.co.jp
書籍の最新情報（正誤情報を含む）はナツメ社Webサイトをご覧ください。